New Opinion of Litigation Time
诉讼时间新论

贺 众 ◎ 著

中山大学出版社
·广州·

版权所有　翻印必究

图书在版编目（CIP）数据

诉讼时间新论/贺众著. —广州：中山大学出版社，2020.5
ISBN 978-7-306-06830-9

Ⅰ. ①诉… Ⅱ. ①贺… Ⅲ. ①诉讼时间—研究 Ⅳ. ①D915.104

中国版本图书馆 CIP 数据核字（2020）第 017139 号

Susong Shijian Xinlun

出 版 人：	王天琪
策划编辑：	钟永源　梁惠芳
责任编辑：	钟永源
封面设计：	曾　斌
责任校对：	杨文泉
责任技编：	何雅涛
出版发行：	中山大学出版社
电　　话：	编辑部 020-84110771，84113349，84111997，84110779
	发行部 020-84111998，84111981，84111160
地　　址：	广州市新港西路 135 号
邮　　编：	510275　　　传　真：020-84036565
网　　址：	http://www.zsup.com.cn　　E-mail:zdcbs@mail.sysu.edu.cn
印 刷 者：	广州一龙印刷有限公司
规　　格：	787mm×1092mm　1/16　8.5 印张　116 千字
版次印次：	2020 年 5 月第 1 版　2020 年 5 月第 1 次印刷
定　　价：	30.00 元

如发现本书因印装质量影响阅读，请与出版社发行部联系调换

所有诉讼都会穿行于时间的长廊之中

——贺　众

序

《诉讼时间新论》的作者贺众是西北政法大学法律系1981级校友。毕业后先后在基层法院、中级法院和高级法院等三级法院从事审判工作23年，工作足迹从华北到岭南辗转多地。作者的这些工作经历让他对于法庭审判实践有着深刻的体会和丰富的经验，尤其是关于诉讼期限这一问题，他予以了更多的关注、思考、研究和总结，对我国民事诉讼法、行政诉讼法和刑事诉讼法的法律适用提出了很多建设性的见解和建议。相信他的这些创新理念和创新方法，对于立法机关在修订诉讼法，以及法官对于案件的审理工作都会有所裨益。

《诉讼时间新论》一书，将我国民事诉讼法、行政诉讼法和刑事诉讼法放在一起进行比较研究，是一种新的研究方法。文中针对我国法官每年实际工作时间只有240天的问题，提出所有诉讼时间在立法中都应该以工作日计算的新观点。他认为现行民事、行政、刑事诉讼法，均存在着立法设计前期审理期限较短，后期批准延长次数较多，且有的延长期限不确定的问题。书中对我国法官审理案件和当事人进行诉讼都需要经历哪些时间过程，分别需要多少时间进行了现实的、系统的分析。为适应法院现在繁重的审判工作，作者提出建立前期审理时间相对变长，后期延长次数相对变少，且将现在法院内部、法院之间批准延长体制，改为法官向社会公告延长，以接受社会以及新闻媒体监督、质询的新制度。作者还通过审判实践，对于民事、行政、刑事诉讼法中部分法律条款提出了修改、取消或者增设的建议。对诉讼时间原则，也提出了新理念、新观点，并设计出一套新的诉讼时间法律体系，以尝试建立我国民事诉讼法、行政诉讼法和刑事诉讼法诉讼时间相同的制度，很有实践价值。

贺众校友从法院退休后，又在当地从事专职律师工作，至今已经超过10年。无论是作法官还是从事律师业务，贺众校友始终没有停止过对法学理论问题的思考和钻研，始终怀着对法学研究的浓厚兴趣。阅读他的新书《诉讼时间新论》，也能感受到他那种独立思考的精神、严谨务实的作风，以及对法律的热爱和信仰。这也是西北政法大学"严谨、求实、文明、公正"的校训和"法治信仰、中国立场、国际视野、平民情怀"的育人理念所要传递给学生的精神内核。

贺众是我校的优秀校友之一，在他的新书《诉讼时间新论》付梓之际，我非常高兴受邀命笔。

是为序。

2019年11月3日

本书出版时,承惠澳门特别行政区金海集团梁华先生的赞助,谨此表示真诚的感谢!

目 录

一、法官每年有多少审理案件时间／2

二、所有诉讼时间都应该以工作日计算／5

三、法官审理一个案件需要多少时间／6

四、我国三大诉讼法中诉讼期限简介／14

    （一）民事诉讼法中诉讼期限简介／14

    （二）行政诉讼法中诉讼期限简介／15

    （三）刑事诉讼法中诉讼期限简介／16

五、我国三大诉讼法中诉讼期限存在的问题／19

    （一）民事诉讼法中诉讼期限存在的问题／19

        1. 六个月审理期限不适应繁重的民事审判工作／19

        2. 二审程序中应该相应增设简易程序／21

        3. 上诉期限太短，不利于维护当事人上诉权益／22

4. 上诉期限应从收到判决书次日起开始计算／24

　　5. 上诉，必须阐明上诉理由／25

　　6. 应该修改民事诉讼法第168条／26

　　7. 二审法院应有充足的审理时间／29

　　8. 特别程序，可以纳入简易程序中／30

　　9. 审判监督程序应该设定明确的审理时间／31

　　10. 应该取消民事诉讼法第269条、270条／32

　　11. 增设上下级法院报送卷宗、立案的限定时间／34

（二）行政诉讼法中诉讼期限存在的问题／36

　　1. 六个月审理期限不适应繁重的行政审判工作／36

　　2. 简易程序，一审、二审都应设定／37

　　3. 上诉期限太短，不利于二审法院审理案件／37

　　4. 二审法院应该有充足的审理时间／38

　　5. 审判监督程序，应该设立明确的审理期限／39

（三）刑事诉讼法中诉讼期限存在的问题／40

　　1. 刑事案件，关系人的生命与自由／40

　　2. 自诉案件应该纳入简易程序之中／43

　　3. 二审程序中应该增设简易程序／44

　　4. 应该取消刑事速裁程序／46

　　5. 上诉、抗诉期限应予延长／47

　　6. 二审法院审理期限应该延长／48

　　7. 应该取消刑事诉讼法第243条2款／52

　　8. 最高人民法院也应同样设定审理期限／53

9. 死刑复核程序，应该新设最短审理时间／53

　　　10. 审判监督程序，应制定明确的审理期限／55

　六、应单列对裁定案件审理时间立法规定／61

　七、诉讼时间原则新探／67

　　（一）法官与当事人诉讼时间平等／67

　　（二）最高法院与地方各级法院诉讼时间平等／69

　　（三）中外当事人诉讼时间平等／70

　　（四）法官应在宽松的时间里审理案件／71

　　（五）所有案件必须在审理时间内全部结案／74

　八、新诉讼时间制度建立／78

　　（一）建立三大诉讼法诉讼时间相同制度／78

　　（二）需要延长时，法官向社会发布延长公告／80

　　（三）一审普通程序、简易程序新的审理时间／83

　　（四）二审诉讼中均应增设简易程序／84

　　（五）二审普通程序、简易程序新的审理时间／85

　　（六）当事人提出上诉的新时间／86

　　（七）死刑案件、复核案件，新设最长、最短审理时间／87

　　（八）审判监督程序的新时间／88

　　（九）对程序问题裁定，单列审理、上诉时间／89

　　（十）报送上诉卷宗至二审法院立案，应作出时间规定／90

（十一）当事人提交证据、诉讼材料的新时间 / 91

九、对三大诉讼法新时间的简要总结 / 93

十、英美、法德日、港澳台诉讼时间简介 / 95
　　（一）英美法系、大陆法系及港澳台诉讼时间概要 / 95
　　（二）英国诉讼时间简介 / 96
　　（三）美国诉讼时间简介 / 97
　　（四）法国诉讼时间简介 / 100
　　（五）德国诉讼时间简介 / 103
　　（六）日本诉讼时间简介 / 105
　　（七）香港诉讼时间简介 / 107
　　（八）澳门诉讼时间简介 / 110
　　（九）台湾地区诉讼时间简介 / 112

十一、我国三大诉讼法新的时间条款 / 117

参考文献 / 120

后记 / 124

引言：《中华人民共和国民事诉讼法》（简称民事诉讼法）、《中华人民共和国行政诉讼法》（简称行政诉讼法）、《中华人民共和国刑事诉讼法》（简称刑事诉讼法）在设立法官审理案件期限时，都以自然日计算而不是以工作日计算审理时间，这是不科学、不合理的。其次，设立法官审理案件期限时，都存在着前期审理时间较短，后期批准延长次数较多，且有的延长期限不确定的问题。再次，死刑复核程序、审判监督程序，未设立系统的案件审理时间。又次，二审诉讼中未对应设立简易程序。本书从法官审理案件的实际情况出发，创新建立前期审理案件时间变长，后期申请延长次数变少，且延长时间均公开明确，并在延长时间之内全部结案的诉讼体制。同时，取消法院内部、法院之间报送、审批延长审理期限的审批制度，改为法官向社会发布公告方式以延长审理时间。又有，在死刑复核程序、审判监督程序中，新设立审理期限制度。同时，在二审诉讼中新设立简易程序。还有，对当事人上诉时间新设较长上诉期限。另有，对当事人收集证据、提交诉讼材料时间，提出不少于法官审理案件时间1/3的新观点。最后，本书提出诉讼时间新原则、新理念，并探索建立我国三大诉讼法诉讼时间相同制度，以方便当事人理解应用，也方便法官操作实践。

关键词：三大诉讼法；审理案件期限；新的诉讼时间。

诉讼时间新论

一、法官每年有多少审理案件时间

我国，法官与公务员同属一个系列，法定休息日、节假日相同。

每年365天，共有52.14个星期。法官每个星期六、日休息2天，则每年休息104.28天。

根据国务院人力资源和社会保障部文件，除上述法定休息日之外，法官还有元旦、春节、清明节、劳动节、端午节、中秋节和国庆节共7个法定节假日。其中，元旦、清明节、劳动节、端午节、中秋节各放假1天；春节、国庆节各放假3天，共计放假11天。这样，除上述104.28天双休日之外，法官还可以休息法定节假日11天。现实中，前5个节假日会与双休日连在一起，各休假3天；后2个节假日会与前后两个双休日连在一起，各休假7天。

上述两类法定节假日相加，法官每年可以休息115.28天。换言之，每年365天减去115.28个法定休息日，法官实际工作时间每年只有249.72天，也即法官每年只有250个工作日。

一、法官每年有多少审理案件时间

法官工龄已满 20 年的,每年带薪休假 15 个自然日。其次,15 个自然日法定年休假相当于 10 个工作日,从上述 250 个工作日中再把这 10 个工作日减去,实际上法官每年审理案件时间只有 240 个工作日。实践中,很多法官由于案件多、时间紧、审理期限压力大,会经常放弃自己的年休假。

综上,我国法官每年审理案件时间均以 240 个工作日计算。

法官配偶在外地的,每年有 30 个自然日的探亲假。未婚法官父母在外地的,每年有 20 个自然日的探亲假;已婚法官父母在外地的,每 4 年有 20 个自然日的探亲假。其次,女性法官分娩时,可以享有自然日 183 天的产假。还有,法官遇有生病特别是患有重病住院时,则以实际治疗康复时间为准,即因病休息的时间是不确定的,视病情而定。

我国法院中,会经常举办政治学习活动,召开各种会议,组织培训学习等,这些活动都是要占用法官工作时间的。同时,有的法院内部每年还会举办两项活动,一是体育竞赛活动,二是文艺汇演活动,这两项活动也是占用法官工作时间进行的。另外,有的法院每年会组织法官们赴国内外考察学习,时间约十天半个月,这也是占用法官工作时间的。还有,每年底法官都要年终总结,被评为优秀、称职、基本称职、不称职四个等次,作为以后调整职务、级别、工资以及奖励、培训、辞退的依据,这又会占

诉讼时间

去法官七八个自然日的工作时间。除上述活动外，还有一部分时间未从法官工作时间里减出去，就是法官每年工作期间经常会参加其他法官的案件开庭、合议、外出调查等，这部分工作每年也会占用法官10多天甚至20多天的工作时间。

综上，法官的探亲假、病假、产假等，再加上法官每年的政治学习、大小会议、学习培训，年终总结等，将这些时间之和暂且评估为25个工作日。再加上法官每年都会协助其他法官开庭、合议、外出调查等，暂且将这些工作时间评估为15个工作日。那么，这两项时间之和40个工作日，也应该从法官审理案件的工作时间之内减去。用上述240个工作日减去这40个工作日，事实上我国法官每年工作时间只有200个工作日。换言之，法官真正能静下心来审理案件的，每年只有200个工作日。诚然，这40个工作日属于法院内部活动问题，不应该对社会、对当事人算进诉讼时间里，所以，我国法官每人每年实际工作日仍然以240个工作日进行计算。

现在，我国各级法院实行7小时工作制，有的基层法院或者派出法庭在事实上实行6小时工作制。

二、所有诉讼时间都应该以工作日计算

我国民事诉讼法自1991年4月9日经第七届全国人民代表大会第四次会议通过后，行政诉讼法自1989年4月4日经第七届全国人民代表大会第二次会议通过后，刑事诉讼法自1979年7月1日经第五届全国人民代表大会第二次会议通过后，对所有诉讼时间都以自然日计算，这是不合理的，也是不科学的。因为每年365个自然日里，我国法官实际上只有240个工作日，剩余125个自然日都处在法定休息日之中。换个角度讲，每年365个自然日里，我国法官只有2/3时间在工作，另外1/3时间在休息。现在，如果继续以自然日计算诉讼时间，则立法要求与审判实践会有很大差异；如果换以工作日计算诉讼时间，则立法要求与审判实践会互相一致。从现在起，我国三大诉讼法都应该以工作日计算诉讼时间，对法官审理案件是这样，对当事人诉讼时间也是这样。总之，立法不应把法定休息时间计入法官审理案件的时间之中，也不能把法定休息时间计入当事人的诉讼时间之内。

三、法官审理一个案件需要多少时间

案件，均具有复杂性、多样性、时代性的特征。

对法官而言，审理任何案件都会经历阅卷、开庭、查阅法律资料、进行合议和书写判决书的工作流程。以普通案件为例，阅卷通常需要两三天或者十多天，开庭需要少半天或者两三天，查阅法律资料需要一两天或者三四天，合议案件需要少半天或者一两天，书写判决书需要两三天甚至七八天。这样平均算下来，法官审理每个案件需要三五天甚至十多天时间。遇有特殊复杂案件，审理一个案件需要两三个月甚至三五个月都是常见现象。总之，每星期5个工作日里，法官最大极限只能审结两三个案件。照此推算，每年240个工作日里，每名法官最多审结90～140个案件。实际上，不少法官特别是年龄50岁以上的法官每年审结80～100个案件，就已经感到身心疲惫了。

民事案件，错综复杂。民法中有婚姻家庭、遗产继承、人格权、财产权、投资权、债权等纠纷，还有劳动纠纷、征用拆迁等群体性纠纷。物权中有土地承包经营权、建设用地使用权、宅基

三、法官审理一个案件需要多少时间

地使用权、地役权、抵押权、质权、留置权、占有等纠纷。合同中有买卖、供用水电气热力、赠予、借款、租赁、融资租赁、承揽、建设工程、运输、技术、保管、仓储、委托、行纪、居间等纠纷。侵权责任中有产品责任、机动车交通事故责任、医疗损害责任、环境污染责任、高度危险责任、饲养动物损害责任、物件损害责任等纠纷。知识产权中有著作权、专利权、商标权、垄断、不正当竞争等纠纷。商法中有公司法、合伙企业法、个人独资企业法、外商投资法、证券法、证券投资基金法、保险法、票据法、企业破产法、海商法所调整的企业公司之间的，或者企业公司内部等纠纷。概括讲，民法中有250多种诉讼类型，商法中有170多种诉讼类型，两者合计共有420多种诉讼类型。对于这420多种诉讼类型的法律纠纷，当事人通常是在无法协商无法妥协的情况下，才会起诉到法院，那么，法官审理这些案件就需要充足的时间。只有审理案件的时间充足，法官才能全面、深入的梳理案情，明确法律制度，审明法律关系，辨别法律事实，分清法律责任，才能正确、公允的作出判决。

行政案件，法院对政府行政行为的合法性进行司法审查。具体对行政处罚、行政强制、行政裁决、行政确认、行政登记、行政许可、行政批准、行政命令、行政复议、行政撤销、行政补偿、行政征用、行政执行、行政监督以及国家赔偿、行政赔偿、

诉讼时间

司法赔偿等70多种诉讼类型的行政行为进行司法审查。审查中，法官对政府行政行为作出时所依据的事实根据和法律依据，都要进行系统性司法审查，所以，审理每个行政案件都需要充足的审理时间，都需要法官审慎的、深入的审查政府行政行为的合法性，以维护公民、法人或者其他组织的合法权益，并监督政府在法治的轨道上服务于社会。

刑事案件，责任重大。刑事案件是对被告人生命权利和自由权利的剥夺和限制。我国法院对于侵犯公民人身权利、民主权利，侵犯财产，贪污贿赂，公务员渎职，破坏市场经济秩序，妨害社会管理秩序，危害公共安全，危害国家安全，危害国防利益以及军人违反职责等460多个罪名进行审判。刑事案件，遇有被告人多、作案多、罪名多的共同犯罪时，特别是职务犯罪、经济犯罪时，有时法官连续开庭长达十多天时间，书写刑事判决书多达十几万字甚至几十万字，仅一个刑事案件审理下来就需要三五个月的时间。所以，保障法官有充足的审理案件时间，是正确判决、减少冤假错案的首要外部条件。

综上所述，我国法官每年要面对960多种诉讼类型进行案件审理。换个角度讲，我国现有250多部法律法规，560多部司法解释，460多部行业规范，都需要法官在审理案件过程中铭记于心、熟练应用，并将这些法律法规、司法解释、行业规范等，

三、法官审理一个案件需要多少时间

准确、全面的应用于各类案件的审理之中。

案例*：原告中化国际（新加坡）有限公司诉被告德国蒂森克虏伯冶金产品有限责任公司国际货物买卖合同纠纷案，江苏省高级人民法院于2012年12月作出〔2009〕苏民三初字第0004号民事判决。宣判后，克虏伯公司不服提出上诉。最高人民法院于2014年6月作出〔2013〕民四终字第35号民事判决。从此案审理时间看出，两级法院审理时间分别约为两年、一年四个月之久。

案例：矿工刘某诉新疆维吾尔自治区原米泉市劳动局工伤认定行政案，2002年7月，米泉市劳动局作出《关于不予认定刘某为工伤的决定》。随后，刘某向米泉市法院提起行政诉讼。法院审理后以米泉市劳动局适用法律法规错误为由，判决撤销劳动局上述不予认定工伤的决定。劳动局上诉后，新疆昌吉回族自治州中级人民法院撤销一审行政判决，维持米泉市劳动局不予认定工伤的决定。之后，刘某向新疆维吾尔自治区高级人民法院提出

---

* 本书案例，分别摘自《人民法院报》2019年版，最高人民法院网站案例指导、裁判文书等。同时，在互联网上也有公开的案例报道。本书仅对案例的诉讼时间作出评析，下同。

再审。新疆高院立案再审后，驳回再审申请，维持昌吉州中级人民法院行政判决。之后，刘某又向新疆维吾尔自治区人民检察院提出申诉，新疆检察院立案审查后，提请最高人民检察院抗诉。随后，最高人民检察院根据行政诉讼法规定，向最高人民法院提出抗诉。之后，最高人民法院作出裁定提审本案。2013年3月，最高人民法院以再审判决撤销新疆高院再审判决、撤销昌吉州中院判决，维持了米泉市法院一审判决，并判决米泉市劳动局重新作出具体行政行为。从本案诉讼时间看出，一起工伤是否认定的行政诉讼案件，从基层法院一直诉讼到最高人民法院。其间，还有新疆人民检察院提请抗诉，最高人民检察院向最高人民法院提出抗诉。一场行政诉讼官司打下来，历经四级法院、两级检察院，并且用去了十一年的诉讼时间。

案例：被告人周某受贿、挪用公款一案，江西省南昌市中级人民法院于2014年12月开庭审理，原计划开庭3天，可是，被辩护律师在法庭上发问、质证和发表辩论意见后，使得法院开庭持续了三个月之久，实际开庭时间累计已长达24天。其中，被告人周某在法庭上为自己辩护也长达两天半时间，应是创新了职务犯罪中法院开庭时间的最长记录。其次，南昌中院、江西高院审理本案，均用了一年时间。

三、法官审理一个案件需要多少时间

为提高法官审判效率,一是建立文书助理制度,二是建立候补法官制度,三是取消法院内部电脑立案排期开庭制度。

书写判决书是一件非常耗费心血的工作,也是一件费时费力并占用法官大量时间的工作。法院内部建立文书助理制度后,所有判决书及相关文书等都交给文书助理去书写、去完成。这样,法官就可以节省出大量时间,并将这些时间全部用于其他案件的审理之中。具体讲,就是法官对案件进行阅卷、开庭,查阅法律资料,进行合议后,对案件的判决宗旨、要领、方法、事实表述和理由阐述等,对文书助理口头具体阐明,并请文书助理负责起草、书写判决书。最后,法官经审阅后即可签发判决书。在这个分工中,法官只对判决书起审核、把关作用,不直接动手起草、书写判决书。实行这个制度后,法官的审判效率、结案数量将会提高1~2倍。换言之,如果法官原来每年审结100个案件,则会变成每年审结200~300个案件。因为书写判决书,每年都会占用法官审理案件的1/3至1/2的工作时间。

建立候补法官制度,就是在各级人民代表大会以及常务委员会建立法官候补制度,以随时适应、调整法院案件多、法官少、审理案件期限压力大的工作状态。换言之,当法院案件数量非常多,审理期限压力很大时,各级人大及其常委会经实地考察后,可以随时派入候补法官进入法院以协助法官审理案件,并与法官

诉讼时间

享有同等的审理案件的权利和义务；当法院案件数量适中，法官无需超负荷工作时，各级人大及其常委会又可以适时将候补法官召回。候补法官，各级人大及其常委会应直接向社会聘请筛选，首选那些品德高尚、专业精通，有法律信仰，并有志于献身我国法治社会的审判人才。同时，法院以后需要增编法官时，也可以优先从各级人大及其常委会的候补法官中进行挑选。

取消法院内部电脑排期开庭制度。该制度就是法院在立案时，电脑系统同时也将开庭时间通过电脑排期而确定下来，现在有不少法院都在实行这种制度。现实中，法官只能根据电脑排期来适应开庭时间。这种"电脑指挥人，人跟电脑走"的方法，使得法官对自己审理的所有案件的开庭时间，竟然没有安排权、决定权。取消这种制度后，法官可以根据自己手头案件的多少，各个案情的轻重缓急来统筹安排，并决定各个案件的开庭时间。这样做，法官可以成批的，每批两三件或者三五件的审结案件，从而提高了审判效率。

现在，法院里有一类民事案件称系列案件，通常发生在信用卡纠纷、房贷纠纷、车贷纠纷、劳动纠纷、股市纠纷等群体性案件上。例如银行起诉100名信用卡透支的持卡者时，法院立案时就会分成100个案件；又如200名员工起诉企业公司工资、福利纠纷时，法院立案时就会分成200个案件；还如300名股

三、法官审理一个案件需要多少时间

民起诉上市公司证券虚假陈述时,法院立案时就会分成 300 个案件立案。以此类推,不一而足。这种"分开立案法",只是为了"突出结案数量",但是,这种立案方式就会产生几个问题。一是当事人需要交纳更多的案件受理费,本来共同诉讼案件只需要交纳一份案件受理费即可,可是拆分成几十个甚至几百个案件后,法院就会收取几十个甚至几百个案件受理费,加重了当事人的经济负担。二是否定了当事人的上诉权利。一审判决后经常会出现部分人上诉,部分人不上诉的情形。不上诉的人过了上诉期限后判决即时生效,面对这种情况,二审法院对于部分上诉人的上诉理由,即使认定正确也不能支持,只能判决驳回上诉,维持原判。因为一审法院判决早已生效,对于同一个案情,二审法院不能作出与一审法院已判决生效的不同的、甚至相反的判决。三是这种做法违反民事诉讼法第 52 ~ 54 条关于共同诉讼的规定,法院为了"突出结案数量"而首先违反了民事诉讼法。

诉讼时间

四、我国三大诉讼法中诉讼期限简介

民事诉讼法、行政诉讼法、刑事诉讼法,简称我国三大诉讼法。

我国三大诉讼法均实行两审终审制。一审,也称第一审、初审,通常由基层人民法院立案审理。二审,也称第二审、上诉审,通常由中级人民法院立案审理。其次,根据三大诉讼法规定,在本辖区有重大影响或者疑难复杂案件,中级人民法院或者高级人民法院,甚至最高人民法院,也可以作为一审案件给予立案,进行审理。

(一)民事诉讼法中诉讼期限简介

我国民事诉讼法(2017年6月27日第十二届全国人民代表大会常务委员会第二十八次会议第三次修正)第149条,一审诉讼中法院适用普通程序审理案件的,在立案之日起六个月内审结。有特殊情况需要延长的,由本院院长批准,可以延长六个月;还需要延长的,报请上级人民法院批准。第161条,一审

四、我国三大诉讼法中诉讼期限简介

诉讼中法院适用简易程序审理案件的,在立案之日起三个月内审结。同时,在二审诉讼程序里没有规定简易程序。第164条1款,当事人不服一审法院判决的,在判决书送达之日起15日内提起上诉;2款,当事人不服一审法院裁定的,在裁定书送达之日起10日内提起上诉。第176条1款,法院审理对判决的上诉案件,在立案之日起三个月内审结。有特殊情况需要延长的,由本院院长批准;2款,法院审理对裁定的上诉案件,在立案之日起一个月内审结。第180条,法院适用特别程序审理的案件,在立案之日起一个月内审结;有特殊情况需要延长的,由本院院长批准。第205条,当事人申请再审的,在判决、裁定发生法律效力后六个月内提出。同时,在该章节中对法院再审案件的审理期限没有规定,事实上对再审案件的审理时间是不确定的。第269条,在中国境内没有住所的当事人,不服一审法院判决、裁定的,在送达之日起三十日内提起上诉。第270条,法院审理涉外民事案件的期间,不受本法第149条、第176条的限制。这就是说,法院审理涉外(含港澳台)民事案件,没有审理期限的任何限制。

(二)行政诉讼法中诉讼期限简介

我国行政诉讼法(2017年6月27日第十二届全国人民代表

诉讼时间

大会常务委员会第二十八次会议第二次修正）第81条，法院在立案之日起六个月内作出第一审判决。有特殊情况需要延长的，由高级人民法院批准；高级人民法院审理第一审案件需要延长的，由最高人民法院批准。第83条，适用简易程序审理的，在立案之日起四十五日内审结。同时，在二审诉讼程序里没有设立简易程序。第85条，当事人不服法院一审判决的，在判决书送达之日起十五日内向上一级法院提起上诉。当事人不服法院一审裁定的，在裁定书送达之日起十日内向上一级法院提起上诉。第88条，法院审理上诉案件，在收到上诉状之日起三个月内作出终审判决。有特殊情况需要延长的，由高级人民法院批准；高级人民法院审理上诉案件需要延长的，由最高人民法院批准。第七章第五节在审判监督程序里，对于法院审理再审案件的期限未做具体规定，事实上对于行政再审案件的审理时间是不确定的。第101条，法院审理行政案件，关于期间、送达、财产保全、开庭审理、调解、中止诉讼、终结诉讼、简易程序、执行等，本法没有规定的，适用民事诉讼法相关规定。

（三）刑事诉讼法中诉讼期限简介

我国刑事诉讼法（2018年10月26日第十三届全国人民代表大会常务委员会第六次会议第三次修正）第208条，法院审

四、我国三大诉讼法中诉讼期限简介

理公诉案件,在受理后两个月内宣判,至迟不得超过三个月。对于可能判处死刑案件或者附带民事诉讼案件,重大犯罪集团案件,流窜作案重大复杂案件,犯罪涉及面广且取证困难的重大复杂案件,交通十分不便边远地区重大复杂案件,具有其中情形之一的,经上一级法院批准,可以延长三个月。因特殊情况还需要延长的,报请最高人民法院批准。第212条2款,法院审理自诉案件,被告人被羁押的,适用第208条1款规定;未被羁押的,在受理后六个月内宣判。第220条,适用简易程序审理案件,法院在受理后二十日内审结;对可能判处有期徒刑超过三年的,可以延长至一个半月。同时,在二审诉讼程序里未设立简易程序。第225条,法院适用速裁程序审理案件,在受理后十日内审结;对可能判处有期徒刑超过一年的,可以延长至十五日。第230条,不服判决的上诉和抗诉的期限为十日,不服裁定的上诉和抗诉期限为五日,从接到判决书、裁定书第二日起算。第243条1款,二审法院审理上诉、抗诉案件,在两个月内审结。对于可能判处死刑案件或者附带民事诉讼案件,重大犯罪集团案件,流窜作案重大复杂案件,犯罪涉及面广且取证困难的重大复杂案件,交通十分不便边远地区重大复杂案件,具有其中情形之一的,经高级人民法院批准或者决定,可以延长二个月;因特殊情况还需要延长的,报请最高人民法院批准。2款,最高人民法院受理上诉、抗诉案件的审理期限，由最高人民法院决定。第三编第四章在死刑复核程序里，对于最高人民法院审理期限未做具体规定。换言之，最高法院审理死刑复核案件，是没有明确审理期限的。第258条，法院按照审判监督程序重新审判案件，在作出提审、再审决定之日起三个月内审结；需要延长期限的，不得超过六个月。

五、我国三大诉讼法中诉讼期限存在的问题

（一）民事诉讼法中诉讼期限存在的问题

1. 六个月审理期限不适应繁重的民事审判工作

民事诉讼法第149条，一审案件适用普通程序审理的，六个月内审结；有特殊情况需要延长的，报本院院长批准可延长六个月；还需要延长的，报请上级法院批准。首先，"六个月内审结"，当法官手头只有两三个或者三五个案件时，这个时间是够用的，可是，当法官手头有二三十个、甚至三五十个案件时，这个时间是明确不够用的，所以，应该增长一审适用普通程序审理案件的诉讼时间。其次，"有特殊情况需要延长的，报本院院长批准可延长六个月"。本院院长，是一种行政职务。报本院院长批准，应是一种行政审批手续，法官审理案件时应该尽力避免并力求杜绝行政审批程序。因为行政审批程序不在法官裁判权的司法职权范围之内，所以，应该取消为延长案件审理期限报本院院

诉讼时间新论

长批准的行政批准程序。再次,"可延长六个月",相对于初始审理期限六个月,这相当于法院重新立案、重新审理了,这是明显不妥当的。因为延长期限只能从初始审理期限里再延长一部分时间,而不是在初始审理期限上成倍的延长审理期限。又有,"还需要延长的,报请上级法院批准"。上级法院批准时,可以延长多长期限呢?这里没有讲,实际上延长期限是不确定的,这就违反了公开、明确的立法准则,实践中容易被法官人为的延长,也容易被当事人所误解、所诟病。

概括讲,批准延长是行政审批程序,法院内部、法院之间应予取消。其次,延长审理期限不能成倍延长,更不能无期限延长。审理期限成倍延长,就意味着民事诉讼法在设计案件审理期限时不符合实际。再次,延长都要有明确的、确定的时间起止界线,以接受当事人、社会及新闻媒体的监督。相反,不定期延长容易滋生法官审理案件的时间随意性,同时,有的法官在个别案件审理期限上"审而不判,久拖不决"的行为,也会被不定期延长的条款所掩盖起来。

案例:2018年4月,浙江省绍兴市上虞区人民法院审理金盾公司申请重整案。法院通过继续经营,优质产能企业招募投资人,无产能企业进行清算,债务分段清偿,引入网络视频技术等

五、我国三大诉讼法中诉讼期限存在问题

方法，重整投资人，引入重整资金12亿元。2019年6月，法院履行破产审判职能，批准了债权人会议通过表决的重整计划，使得四家实体企业重获新生，1400多名员工留岗工作，84亿元债务妥善化解，成功挽救了危困民营企业。从本案审理时间看出，基层法院审理一审案件一年两个月，所以，立法不能对一审法院审理民事案件时间作出过短的规定。

案例：原告吕某等79人起诉山海关船舶重工有限责任公司海上污染损害责任纠纷案。天津海事法院于2013年12月作出〔2011〕津海法事初字第115号民事判决，驳回原告吕某等50人的诉讼请求；驳回原告吕某等29人的诉讼请求。宣判后，吕某等79人提出上诉。2014年11月，天津市高级人民法院作出〔2014〕津高民四终字第22号民事判决，撤销原判，判决被告山海关船舶重工有限责任公司赔偿王某等21人养殖损失130多万元。同时，驳回上诉人吕某等79人其他诉讼请求。从本案审理时间看出，一审法院审理约两年半时间，二审法院审理约一年时间，所以，立法不能对一审、二审法院审理民事案件时间限定较短的审理期限。

2. 二审程序中应该相应增设简易程序

民事诉讼法第161条，一审诉讼中法院适用简易程序审理案件的，在立案之日起三个月内审结。问题是，一审规定了简易程序，二审没有规定简易程序。换个角度讲，一审诉讼中适用简易程序审理的案件，到了二审诉讼中又全部改回适用普通程序审理，这是不符合诉讼逻辑的，也是浪费司法资源的。一般情况下，一审适用简易程序审理案件的，二审同样应该适用简易程序审理。总之，案件审理实行繁简分流时，一审、二审都要繁简分流，都要有互相对应的完整诉讼程序。另外，简易程序中要求"在三个月内审结"，在审理期限上还是明显短了一些，对此，也应该相应给予延长。

3. 上诉期限太短，不利于维护当事人上诉权益

民事诉讼法第164条，当事人不服一审法院判决的，在判决书送达之日起15日内提起上诉。当事人不服一审法院裁定的，在裁定书送达之日起10日内提起上诉。现实中，当事人向二审法院提交一份有质量有见解的民事上诉状，都要经过哪些过程并需要多长时间呢？一是要给当事人留出研究民事判决书的时间，使其对法官判案的法学思想、裁判宗旨、证据采纳、事实认定、法律适用和判决理由等，有一个清晰而系统的认知，也鼓励当事人拿着民事判决书去向法律界人士咨询、请教，以辨别判决结果是否公正合理，这就需要十天半月时间。二是当事人特别是败诉当事人，准备上诉时通常会重新寻找律师。现在，当事人寻找律

五、我国三大诉讼法中诉讼期限存在问题

师的途径和方法,通常是通过亲朋好友、行业圈内、媒体网络去寻找。有时,不少当事人还会同时寻找数名律师以进行比较和选择,这也需要十天半月时间。三是当事人与委托律师签订委托代理合同并且交纳律师服务费后,受委托律师要在同时还代理其他案件的情况下,腾出专门时间代理这个案件,通常会联系法院阅卷,与当事人商讨案情,外出调查取证,草拟民事上诉状等,这又需要十天半月时间。四是律师需要研究案情,必要时还会集体讨论案情,整理新的证据材料,梳理整个案情事实,提出正确的上诉意见,使得当事人上诉变得有实际意义、有改判的很大可能。随后,送交二审法院签收民事上诉状,并交纳上诉费等,这也需要十天半月时间。最后,上诉期限中要给当事人留出十天半月的"冷静思考期",使他们冷静下来一段时间后,以辨明法院判决是否公允和正确。经过"冷静思考期"后,有的当事人在理解了法院判决是正确或者基本正确后,有时候也会放弃上诉权利。这样一来,上诉案件会明显减少,也可以避免当事人不必要、无意义的上诉,实际上对当事人,对法院都是非常有益的。这样总的时间算下来,对当事人的上诉时间,应该保障在两个月至三个月之间。总之,15日上诉期限,只能使当事人、律师在收到判决书后匆忙应付,草草提交民事上诉状了。问题是,这么短的上诉期限,是很容易滋生错案、假案或者冤案的。

4. 上诉期限应从收到判决书次日起开始计算

民事诉讼法第 164 条又规定，当事人不服一审法院判决的，在判决书送达之日起 15 日内提起上诉。当事人不服一审法院裁定的，在裁定书送达之日起 10 日内提起上诉。首先，"在送达之日起"与民事诉讼法总则第七章关于期间、送达的准则自相矛盾。总则第 82 条 2 款"期间开始的时和日，不计算在期间内"，可是，分则第 164 条"在送达之日起"就开始计算上诉期限，并把"期间开始的日"也算进上诉期限里了。其次，总则第 82 条 4 款，期间不包括在途时间。在途时间，不仅指当事人邮寄诉讼材料的在途时间，而且也指法院邮寄诉讼文书的在途时间。举例讲，如果当事人是在当天下午下班前收到法院邮寄或者送达的民事判决书，那么法院邮寄或者送达的当天时间，能不能算进当事人的上诉期限里呢？显然，这是不能的。再次，所有诉讼都是以"实足时间"来计算相关期限的。"在送达之日起"，就违反了这一诉讼原理。综上，正确计算方法，应从当事人收到民事判决书次日起开始计算上诉期限。

诉讼法与实体法应该衔接和谐，并体现基本一致的立法精神。我国民法总则（自 2017 年 10 月 1 日施行）第 201 条，按照年、月、日计算期间的，开始的当日不计入，自下一日开始计算。这就是说，实体法对于当日是不计入诉讼时间的，那么，程

五、我国三大诉讼法中诉讼期限存在问题

序法与实体法彼此对应协调才对。再从实体法讲，民法总则第203条，期间的最后一日是法定休假日的，以法定休假日结束的次日为期间的最后一日。这条规定也存在着问题，在民事诉讼上诉期限是十五日的情况下，例如春节七日长假的前十日，当事人收到民事判决书，照此推算，春节长假后上班的第一天就是上诉期限的最后一日了。这样，当事人实际享有的上诉期限仅为十一日，这种规定实质上是限制、剥夺了当事人的上诉权利。正确计算方法应该是，春节前十日加上春节后五日，上诉时间总和凑满十五日才行，以充分保障当事人的上诉权利。道理很简单，因为法官、当事人都有享受法定节假日的休息权利，而休息权利又是我国宪法（2018年3月11日第十三届全国人民代表大会第一次会议修正）第43条明确赋予我国的每位公民的。

5. 上诉，必须阐明上诉理由

当事人上诉，必须阐明上诉理由。诉讼中有的当事人明知一审判决正确或者基本正确，但是，为了争取时间以转移财产，或者为了表达对一审判决的不满情绪等而故意提出上诉，以最终达到拖延诉讼的目的。对于此种情形，应从立法上给予遏制。一是从立法上要求当事人提出上诉时，必须书面阐明上诉理由。二是二审法院应设立立案前审查体制，专对上诉理由进行程序性审查。

具体指当事人表明上诉后,必须书面提交上诉理由。上诉理由可以在法律程序部分、证据采纳部分、事实认定部分和法律适用部分,由上诉人任意选择一项或者数项进行表达。书面阐明上诉有理的或者基本有理的,二审法院给予立案。其次,二审法院应设立上诉立案前审查制度,可由专职法官对上诉理由进行专门审查,上诉阐述理由的,即时予以立案。上诉不阐述理由的,法官可对上诉人送达补交上诉理由通知书,要求其在上诉状中必须阐明上诉理由。之后,当事人补交上诉理由后,经审查有理的,即时予以立案;经审查无理的,在程序上以裁定方式直接驳回上诉,而无需进入案件实体审理程序之中。再次,当事人补交上诉理由的,前后时间之和不得超出法定的上诉期限。另外,如果经审查认定当事人上诉显然无理由或者确以拖延诉讼为目的的,应处以罚款等惩戒。

6. 应该修改民事诉讼法第168条

民事诉讼法第168条,二审法院应当对上诉请求的有关事实和适用法律进行审查。通常情况下,在15日上诉期限里当事人不见得能正确归纳"上诉请求的有关事实和适用法律";律师中有不敬业、不专业的,也不见得能正确归纳"上诉请求的有关事实和适用法律"。其次,在民事诉讼法第168条限定范围内,当事人、律师"对上诉请求的有关事实和适用法律",如果

五、我国三大诉讼法中诉讼期限存在问题

出现归纳错误的情形时，法官就会顺着这个归纳错误的上诉请求而进行错误的审理，而无需洞察案情整体情况、案情实质问题、案情关键争议等，最终违背司法公正的宗旨。例如患者向医生主诉腹痛，经过全身检查后却发现病灶在颅脑里，正确治疗对象是颅脑，而不是腹部是同一个道理。再次，在一审法院有时出现判决原则错误的情况下，接受错误判决结果并对自己合法权益造成明显损害的当事人，有的是不上诉的。

例如原告已经取得外国国籍或者港澳台永久居民身份，在内地仍然拿着国内居民身份证进行起诉的，其起诉主体明确不适格，对此，法院应当驳回原告起诉。可是，当一审法院对原告起诉主体疏忽审查，对原告诉讼请求给予支持并作出判决后，原告上诉，被告却不上诉。二审中因为被告未提出上诉，未对原告起诉主体提出异议，所以，二审法院只审理原告的上诉请求，不审理原告诉讼主体资格。其法定理由就是只对"上诉请求的有关事实和适用法律"进行审查，但是，这就明确违反了《中华人民共和国国籍法》第3条"不承认中国公民具有双重国籍"；第9条"定居外国的中国公民，自愿加入或取得外国国籍的，即自动丧失中国国籍"的立法规定，从而出现"漏审"、错判的结果。

又如郑州市电梯劝阻吸烟案。2017年5月，段某在电梯内

吸烟，被同乘电梯的杨某劝阻。随后两人发生言语争执，接着段某因心脏病突发猝死。之后，段某妻子田某向郑州市金水区人民法院起诉。一审法院判决，杨某赔偿田某15000元。宣判后，田某提出上诉，杨某未上诉。郑州市中级人民法院经审理后认为，虽然赔偿人杨某没有上诉，但是，杨某劝阻吸烟者段某，是维护社会公共利益的行为，且与段某猝死不存在法律上的因果关系，认定一审判决适用法律错误，遂判决撤销原判，驳回田某诉讼请求。郑州中院这起判例，就是从实际出发，大胆突破了民事诉讼法第168条的限制与约束。

综上，民事诉讼法应该向行政诉讼法、刑事诉讼法学习：行政诉讼法第87条"法院审理上诉案件，应对原审法院的判决、裁定和被诉行政行为进行全面审查"。刑事诉讼法第233条"二审法院应就一审判决认定的事实和适用法律进行全面审查，不受上诉或者抗诉范围的限制"；"共同犯罪案件只有部分被告人上诉的，应对全案进行审查，一并处理"。所以，坚持全案审理，或者在全案审理的基础上重点审查当事人"上诉请求的有关事实和适用法律"，是对当事人负责，对案情负责，对法律负责，对社会负责的。换个角度讲，"上诉请求的有关事实和适用法律"与整体案情紧密相连，不可分割。在对整体案情不审理、甚至不了解的前提下，怎么能对"上诉请求的有关事实和适用法律"作出正确的判断?所以,坚持全案审理,即使增加了法官的工作量,二审法院也是必须要坚持的。综上,应该对民事诉讼法第168条进行修改,改为"二审法院对于上诉案件应在全案审理的基础上,审查上诉请求、上诉理由和上诉事实是否成立"。"共同诉讼中只有部分当事人上诉的,也应全案审查,一并判决"。

7. 二审法院应有充足的审理时间

民事诉讼法第176条1款,法院审理对判决的上诉案件,在立案之日起三个月内审结。有特殊情况需要延长的,由本院院长批准。首先,一般情况下,一审、二审法院对于同一个民事案件,其审理时间应该是同等的。实践中,因为一审诉讼中双方当事人已对案情证据进行了收集和提交,并在法庭上进行了举证、质证,对案情事实和诉辩理由也进行了基本阐述,双方争议问题、诉讼请求等初步明朗,所以二审诉讼阶段为了提高审判效率,可以适当缩短审理时间。问题是,二审法院也面临着当事人提交新证据,申请重新鉴定,请求法院依职权调查取证,当事人提出新事实、新理由、新诉求等情况。为了保障法官有充足的审理案件时间,也不能把二审审理时间压缩的太短。其次,因为我国三大诉讼法均实行两审终审制,所以在作出终审生效判决之前,也要给法官留出一个慎重思考、慎重判决的审理时间。综

诉讼时间

上,二审法院审理时间,应该是一审法院审理时间的大部分,而不是仅仅一半时间。另外,"有特殊情况需要延长的,由本院院长批准"。本院院长,既不是主审法官,又不是合议庭成员,似乎无主体资格参与案件的审理过程。对此条款,也应予以取消。

案例:原告莫某诉被告深圳市玉瓷科技有限公司人格权纠纷案,广东省深圳市宝安区人民法院以〔2017〕粤0306民初16325号民事判决,判决被告玉瓷科技公司立即停止对原告姓名权、肖像权的侵害,删除《玉瓷企业宣传片》及相关网页中有关原告的信息,停止在经营活动中使用原告的姓名和肖像;被告玉瓷科技公司在《光明日报》上刊登对原告莫某的致歉信,赔礼道歉、消除影响;判决被告玉瓷科技公司赔偿原告莫某财产损失200万元,精神损害抚慰金10万元等。宣判后,被告玉瓷科技有限公司不服,提出上诉。2019年12月,深圳市中级人民法院作出〔2019〕粤03民终20874号民事判决,驳回上诉,维持原判。从二审法院审理时间看出,二审法院审理该起上诉案件一年三个月,所以,对于二审法院审理民事上诉案件,立法不能规定太短的审理时间。

8. 特别程序,可以纳入简易程序中

民事诉讼法第180条,法院适用特别程序审理的案件,在

五、我国三大诉讼法中诉讼期限存在问题

立案之日起一个月内审结。有特殊情况需要延长的，由本院院长批准。特别程序，根据民事诉讼法第177条，是指选民资格案件，宣告失踪或者宣告死亡案件，认定公民无民事行为能力或者限制民事行为能力案件，认定财产无主案件，确认调解协议案件和实现担保物权案件。很明显，这些案件关系到公民的民主权利、生命权利、公民的行为能力、财产权属、权利义务等切身利益。"一个月内审结"，审理期限确实太短，容易造成法官匆忙应付、草率结案，也容易滋生甚至造成冤假错案。其中，选民资格案件，关系到选举的进程和结果，但是，为了确认选民合法的主体资格，法院在审理这类案件时，选举委员会的选举进程也可以相应推后顺延，或者选举委员会在确认选民资格时，提前预留几个月的诉讼时间。为了简化诉讼程序，方便法官掌握操作，方便当事人理解记忆，可以将特别程序纳入、归类于简易程序之中，并适用简易程序的诉讼时间。总的来讲，立法应该质朴简洁，并应该避免繁杂。

9. 审判监督程序应该设定明确的审理时间

民事诉讼法第205条，当事人申请再审的，在判决、裁定发生法律效力后六个月内提出。同时，在该章节中对法院审理再审案件的时间没有规定，事实上对于再审案件的审理时间是不确定的。其实，审判监督程序，同一审、二审诉讼程序一样，都应

建立同样的诉讼程序和诉讼时间，而不能有所例外。换言之，不能一审、二审程序规定审理时间的，再审程序就没有规定审理时间。其次，由于大多数再审案件，均是时过境迁，取证困难，且当事人争议大、缠讼长、投诉多的案件，所以再审案件的审理时间，应该比一审适用普通程序审理案件的诉讼时间要更长一些，以保障法官有审理再审案件的充足时间。

10. 应该取消民事诉讼法第 269 条、270 条

民事诉讼法第 269 条，在中国境内没有住所的当事人，不服一审法院判决、裁定的，在送达之日起三十日内提起上诉。这就是说，对于外国当事人（含港澳台）给予了多于国内当事人 1 倍的上诉期限。而且，对判决的上诉期限和对裁定的上诉期限，也不再进行区分。第 270 条，法院审理涉外民事案件的期间，不受本法第 149 条、第 176 条限制。这就是说，法院审理涉外、涉港澳台民事案件，没有审理期限的任何限制。

概括讲，法律之下人人平等。在法律适用上，不能因为当事人身份不同而制定不同的法律，这是现代法律的共同基础和普遍原理。上述第 269 条、270 条规定，使得中外当事人在诉讼时间上处于不平等的地位，不仅给予外国当事人多出国内当事人 1 倍的上诉期限，而且更给予外国当事人无案件审理期限的诉讼特权，这是必须从根本上纠正的。所以，上诉期限也好，审理时间

五、我国三大诉讼法中诉讼期限存在问题

也罢,都应该与我国公民、法人或者其他组织的诉讼时间完全平等、完全相同。在这个问题上,民事诉讼法应该向行政诉讼法、刑事诉讼法学习:行政诉讼法第99条,外国人、无国籍人、外国组织在我国进行行政诉讼,同中华人民共和国公民、组织有同等的诉讼权利和义务。刑事诉讼法第6条,对于一切公民,在适用法律上一律平等。在法律面前,不允许有任何特权。第17条,对于外国人犯罪应当追究刑事责任的,适用本法规定。

"三十日上诉期限"和"不受本法第149条、第176条限制",与民事诉讼法总则第5条"外国人、无国籍人、外国企业和组织在人民法院起诉、应诉,同中华人民共和国公民、法人和其他组织有同等的诉讼权利义务"自相矛盾,也与总则第8条"民事诉讼当事人有平等的诉讼权利。……对当事人在适用法律上一律平等"自相矛盾。总之,总则统筹分则,分则服从总则,可是,民事诉讼法第269条、第270条,却与总则相矛盾、相背离,并且违反了立法的同一律。

民事诉讼法自1991年4月9日颁布以来,迄今已经实施二十九年。现代社会科技高度发达,通讯十分迅捷,在国内没有住所的外国当事人,通过电子邮件、微信、短信、电话、传真、邮政快递等通讯方式,通常在民事判决书送达当时就知道了判决结果和判决内容,而且,随着我国5G时代到来,今后通讯、交通

会更加快速、更加便捷，所以立法赋予中外当事人平等的诉讼时间，在时间上和空间上已经没有客观障碍。其次，在国内没有住所的外国当事人，他们委托的都是国内律师，而我国律师与他们的资讯联系，也是随时随地的，没有障碍的。

11. 增设上下级法院报送卷宗、立案的限定时间

现实中，一审法院将上诉卷宗报送二审法院以及二审法院收到上诉卷宗后给予立案，通常需要两三个月甚至三五个月时间。对此报送、立案时间，我国三大诉讼法迄今均无明确的立法要求。与此同时，对当事人的上诉期限却严格限定在 15 日之内，或者 10 日之内，这在法院与当事人之间也是明显不公平的。其次，为什么一审法院报送二审法院上诉卷宗，二审法院给予立案需要这么长时间呢？一是判决书送达后，在上诉期限内法院要等待当事人提交民事上诉状。收到上诉状后，送达对方当事人并等待其提交民事答辩状，收到答辩状后再送达上诉人。有时双方当事人都提出上诉的，这种签收、送达手续要反复多次并耗费时间。二是一审法院整理卷宗并装订成册时，在大量案件都需要排队装订的情况下，卷宗装订也需要一个时间过程。三是实践中有的二审法院为了避免案件积压而超出审理期限，其做法是"前面的案件未结，后面的案件不立"。这样一来，二审法院立案也会等待较长时间。综上，三大诉讼法对于一审法院报送上诉卷宗

五、我国三大诉讼法中诉讼期限存在问题

时间,二审法院签收上诉卷宗后的立案时间,这两个时间之和也应该制定明确的时间规则。具体讲,这两个时间之和应该与当事人的上诉时间基本相同,以体现法院与当事人诉讼地位平等的思想。

案例:原告交通运输部南海救助局诉被告希腊阿昌格罗斯投资公司、香港安达欧森有限公司上海代表处海难救助合同纠纷案。广州海事法院于2014年3月作出〔2012〕广海法初字第898号民事判决。被告阿昌格罗斯投资公司不服提起上诉。广东省高级人民法院于2015年6月作出〔2014〕粤高法民四终字第117号民事判决。二审被上诉人南海救助局不服申请再审。最高人民法院于2016年7月作出〔2016〕最高法民再61号民事判决,撤销广东高院判决,维持广州海事法院判决。从此案审理时间看出,三级法院审理时间各为一年多时间,即立法六个月审理期限甚至三个月审理期限,明显是不够用的。

案例:1988年12月,原告中威轮船公司,陈某等诉被告日本商船三井株式会社租船合同纠纷案,向上海海事法院提起民事诉讼。2007年12月,上海海事法院判决被告日本商船三井株式会社赔偿原告中威轮船公司,陈某等租金、营运损失、船舶损失

诉讼时间

及孳息29.16亿日元。宣判后，双方当事人不服，均提出上诉。2010年8月，上海市高级人民法院作出终审判决，驳回上诉，维持原判。随后，日本商船三井株式会社向最高人民法院提出再审申请。2010年12月，最高人民法院作出裁定，驳回再审申请。2014年4月，上海海事法院根据生效判决，对日本商船三井株式会社执行完毕。该涉外船舶租赁合同纠纷一案，源自抗日战争时期的商船租赁纠纷，案情复杂、法律复杂，一件涉外民事合同纠纷历时二十二年之久才得以诉讼结束。最后，法院执行完毕也耗时四年时间。

（二）行政诉讼法中诉讼期限存在的问题

1. 六个月审理期限不适应繁重的行政审判工作

行政诉讼法第81条，法院在立案之日起六个月内作出第一审判决。有特殊情况需要延长的，由高级人民法院批准。高级人民法院审理第一审案件需要延长的，由最高人民法院批准。"六个月审理期限"，当法官手头只有少量案件时，这个期限是够用的，可是，当法官手头有大量案件时，这个期限是明显不够用的。其次，应该取消繁琐冗长的行政批准程序。例如，基层法院审理行政案件中遇有特殊情况需要延长的，先报送中级法院；接着，中级法院再报送高级法院。高级法院批准后，退回中级法

五、我国三大诉讼法中诉讼期限存在问题

院;中级法院收到后再退回基层法院。可以想一想,为了一个简单的、单纯的审理期限问题而在三级法院之间这样繁文缛节的传递,且耗时费力,确实无意义无必要,并且违反效率原则。再次,法官是案件的审理者、裁判者,自身有权利根据案情作出延长决定,无需层层报送、逐级批准。同时,法院作为司法机关,也应该取消法院之间的这种行政批准制度。

2. 简易程序,一审、二审都应设定

行政诉讼法第83条,适用简易程序审理的,在立案之日起四十五日内审结。"四十五日内审结",审理时间确实太短,不利于对案情的深入研究,也不利于对案情的公正判决。其次,简易程序只规定在一审程序中,在二审程序中却未规定简易程序。这样,一审适用简易程序审理案件的,到了二审程序中又要全部改回适用普通程序审理。这样规定在逻辑上讲不通,且在诉讼程序上也显得比较混乱。正确做法是既然一审诉讼中规定了简易程序,那么,二审诉讼中也应该规定简易程序,使得一审、二审程序上下对应,互相衔接,这样不仅方便当事人诉讼,而且也方便法院审理。总之,在行政诉讼法中应该增设二审简易程序,以真正做到审理案件时繁简分流,提高效率。

3. 上诉期限太短,不利于二审法院审理案件

行政诉讼法第85条,当事人不服法院一审判决的,在判决

书送达之日起十五日内提起上诉。当事人不服法院一审裁定的，在裁定书送达之日起十日内提起上诉。首先，应该是在判决书、裁定书送达之次日起十五日内、十日内提出上诉。其次，十五日、十日的上诉期限确实太短。因为当事人需要研读判决，寻找律师；律师接受委托后也需要联系法院阅卷，与当事人商讨案情，确定上诉请求与上诉策略，书写、修改行政上诉状并送交法院等，这些准备工作都需要大量的时间。再次，十五日、十日的上诉期限，只会造成或者迫使当事人在收到行政判决书后匆忙应付，草率提交行政上诉状了。这样一来，不仅不利于当事人充分表达上诉意见，而且也不利于二审法院准确掌握上诉请求及上诉理由，更不利于二审法院全面研究、把握案情，最终因为上诉期限太短而影响法官公正裁判案件。

4. 二审法院应该有充足的审理时间

行政诉讼法第88条，法院审理上诉案件，在收到上诉状之日起三个月内作出终审判决。有特殊情况需要延长的，由高级人民法院批准；高级人民法院审理上诉案件需要延长的，由最高人民法院批准。首先，不是"在收到上诉状之日起"，而应是"在二审法院立案之日起"。因为一审法院收到上诉状之后至二审法院立案之时，这期间会经历两三个月甚至三五个月的报送、立案时间。显然，不能把下级法院收到上诉状后报送上诉卷宗的时间

五、我国三大诉讼法中诉讼期限存在问题

也算进二审法院审理案件的时间之内。其次，三个月的审理期限，对于二审法院审理案件来讲也确实太短，不利于法官研究、讨论案情，也不利于法院客观、公正作出判决。最后，中华人民共和国最高人民法院，是国家最高审判机关，审判全国有影响的疑难重大案件，并通过审判活动推动我国社会的进步与文明，可是，高级人民法院在审理上诉行政案件中，因为一个单纯的、简单的审理期限问题，也要依程序正式报送最高人民法院批准，这样做会不会有损于最高人民法院的崇高地位与司法权威。

5. 审判监督程序，应该设立明确的审理期限

在行政诉讼法第七章第五节审判监督程序里，对于法院审理再审案件的起止期限未作出具体规定，事实上对于行政再审案件的审理期限是不确定的。首先，一审、二审有审理期限的，在审判监督程序里也应该有明确的审理期限。其次，在审判监督程序里不设定审理期限，容易使得法官审理这类案件时无时间约束，在审理期限上容易变得有随意性。再次，一审、二审均有明确的诉讼时间，可是，审判监督程序没有具体的诉讼时间，两者比较后也会显得立法不协调、不和谐。

案例：1995 年 1 月，泰国贤成两合公司对深圳市工商局、外资办提起行政诉讼。1997 年 8 月，广东省高级人民法院作出

一审判决，以深圳市工商局、外资办注销贤成大厦有限公司、组成清算组、批准成立鸿昌广场有限公司缺乏事实依据，与法律规定不符，违反法定程序为由，撤销深圳市工商局、外资办作出的具体行政行为。判决后深圳市工商局、外资办不服，向最高人民法院提出上诉。1998年7月，最高人民法院作出终审判决，驳回上诉，维持原判。该案在当时被称为我国行政诉讼法实施后的"行政诉讼第一案"。从此案诉讼时间看出，广东高院审理时间长达两年八个月，最高人民法院作为二审法院审理时间也长达十个月。其中，广东高院开庭审理就长达6天。

（三）刑事诉讼法中诉讼期限存在的问题

1. 刑事案件，关系人的生命与自由

刑事诉讼法第208条，法院审理公诉案件，在受理后两个月内宣判，至迟不得超过三个月。首先，刑事案件关系公民的生命和自由，其审理时间相对于民事案件、行政案件而言，应该更加延长一些，而不是缩短。其次，当法官手头有十几个或者几十个刑事案件时，或者有的案件证据、事实不清时，或者首先需要审理手头其他疑难重大案件时，怎么可能在两三个月内全部结案呢？如果立法硬性要求必须在这么短时间内结案，那么，会不会滋生或者造成很多冤假错案呢？所以，对于刑事案件，刑事诉讼

五、我国三大诉讼法中诉讼期限存在问题

法更应该给予法官充足的审理案件时间。换个角度讲,即使被告人站在法庭的被告席上,法官也要深入鉴别罪与非罪的界线,保障无罪的人不受刑事指控。退一步讲,即使被告人罪名成立,应予追究刑事责任,法官也要同时保障被告人合法的生命、自由及财产权利不受影响,最终使法院对被告人的生命剥夺或者自由限制变得更加审慎、更加稳妥。

刑事诉讼法第208条又规定,对于可能判处死刑的案件或者附带民事诉讼案件,重大犯罪集团案件,流窜作案重大复杂案件,犯罪涉及面广且取证困难的重大复杂案件,交通十分不便边远地区重大复杂案件,具有其中情形之一的,经上一级法院批准,可以延长三个月。因特殊情况还需要延长的,报请最高人民法院批准。首先,刑事诉讼法将这六种严重犯罪单列出来,并另外给予"可以延长三个月"的审理期限,这就是说,一般刑事案件要求在两三个月内结案,六种严重刑事案件要求在五六个月内结案。其实,如果新的诉讼时间将一审法院审理案件时间相对延长,就不用将上述六种严重犯罪单列出来,并给予特殊的审理期限了,而是不论简单案件还是复杂案件,都在充足的诉讼时间里进行审理、进行判决就可以了,这样就可以做到立法的简洁质朴,而避免繁杂。同时,也赋予法官根据手头案件的多少,案情的繁简情况而统筹安排开庭、审理和判决的时间权利。其次,报

请最高人民法院批准，因报送、批准手续繁复，有时会出现中级人民法院报请的延长时间到了，可是，批准延长的批复还没有下发的尴尬境况。再次，有时法院申请延长审理期限时，还要将卷宗或者部分卷宗同时报送上级法院，卷宗报送后又会耽误法官审理案件的时间。

案例：吉林省松原市中级人民法院审理被告人李某、张某贪污罪案，2015年4月立案，2020年1月作出〔2015〕松刑初字第15号刑事判决。根据李某、张某自2008年7月至2012年2月期间，将科研课题研究过程中已被淘汰的实验受体猪、受体牛、牛奶等违法销售获利1000多万元的事实，认定构成共同贪污罪，判处李某有期徒刑十二年，罚金300万元；判处张某有期徒刑五年八个月，罚金20万元。扣押赃款予以没收，上缴国库；不足部分继续追缴。从本案审理时间看出，一审法院审理时间长达四年九个月，所以，立法不能对一审法院审理刑事案件时间作出太短的限定。

案例：河南省济源市中级人民法院于2019年2月开庭审理被告人李某等组织、领导、参加黑社会性质罪一案时，被告人达43人，涉嫌51起犯罪事实，查扣各项财产达5.28亿元。开庭前

五、我国三大诉讼法中诉讼期限存在问题

夕,其案卷有200多本卷宗,只好用一辆面包车装载运送。法庭上仅庭审记录长达1032页,51.8万余字。每天庭审8个小时,连续开庭长达18天。合议庭全体成员连续两个周末不休息。仅法庭之外食品、医疗、消防、供电、供水、空调、视频、语音、安全以及对被告人押送、关押等外围后勤、保障人员就有200余人。对被告人往返押解行程也达6000余公里。整个开庭过程中,全体人员消耗盒饭1.2万余份,矿泉水400余箱。上述刑事审判活动,仅是法院开庭一项,就需要有充足的时间保障。

2. 自诉案件应该纳入简易程序之中

刑事诉讼法第212条2款,法院审理自诉案件,被告人被羁押的,适用本法第208条1款规定;未被羁押的,在受理后六个月内宣判。首先,刑事诉讼法第212条2款引用了第208条1款,第208条1款又引用了第158条,第158条又引用了第156条。这样一来,四个法律条款互相引用,互相包含,容易造成法官、特别是当事人理解上、适用上的困难。立法,应该尽力避免这种法条之间互相引用、包含的情况。其次,根据上述四个条款可以逐次推出"法院审理自诉案件,被告人被羁押的,审理期限最长可达九个月"的结论。这样,自诉案件的审理期限比公诉案件的审理期限还要长出很多,这是不符合逻辑的,也是不符

合自诉案件与公诉案件的内在关系的。再次,第208条1款,不仅包含可能判处死刑的案件或者附带民事诉讼案件,而且还包含刑事诉讼法第158条规定的四种重大犯罪情形:交通十分不便的边远地区的重大复杂案件,重大的犯罪集团案件,流窜作案的重大复杂案件,犯罪涉及面广、取证困难的重大复杂案件。显然,上述六类严重刑事案件应该属于普通程序中审理的重大刑事案件,这是不能包含在自诉案件里面的,所以,应该把"适用本法第208条1款规定"以及后面相应条款均给予取消。

"未被羁押的,在受理后六个月内宣判"。首先,刑事自诉案件相对刑事公诉案件,案情相对简单,当事人在诉讼中可以和解,法院也可以调解,所以审理时间应该比公诉案件稍微短些,而不是比公诉案件的审理时间更长。换个角度讲,自诉案件可以在六个月内审结,公诉案件却要求在两三个月内审结,这是明显不符合两者内在逻辑的。其次,刑事案件的审理时间与被告人是否被羁押无直接的、必然的关联性,审理时间主要看案情,而不是看被告人是否被羁押。最后,为简化法律程序,也为方便法官审理操作,方便当事人理解记忆,刑事诉讼法可以将自诉案件审理程序放入、归类于刑事简易程序之中。

3. 二审程序中应该增设简易程序

刑事诉讼法第220条,适用简易程序审理案件,法院在受

五、我国三大诉讼法中诉讼期限存在问题

理后二十日内审结;对可能判处有期徒刑超过三年的,可以延长至一个半月。首先,"在二十日内审结",或者"在一个半月内审结"一个刑事案件,这是对被告人不负责任的表现。刑事案件,不论简单还是复杂,法官都要经历阅卷、开庭、合议和书写刑事判决书的过程,特别要经历深入研究案情,分清罪与非罪、此罪与彼罪的思考、辨别的过程,这么短的审理时间,明显是不够用的,特别是法官手头当时还有大量案件都需要审理、都需要判决的时候。其次,一审诉讼中规定了简易程序,二审诉讼中却未规定简易程序,这在刑事诉讼中是混乱的,不利于上诉人理解、行使诉讼权利,也不利于法院、检察院操作实践。再次,简易程序是针对整个刑事诉讼程序设立的,也是针对被告人在一审诉讼程序、二审诉讼程序中适用的,要适用就全部适用,不能一审适用了,二审又不适用。又次,适用简易程序审理案件的,道理上已无必要延长审理期限,可是,第220条在适用简易程序后还可以延长审理期限,这是明显不符合逻辑的。最后,审理案件需要时间的长短,不是看判刑轻重,而是看案情本身。换个角度讲,判刑重的不等于案情复杂且审理时间需要很长,判刑轻的不等于案情简单且审理时间需要很短。所以,"对可能判处有期徒刑超过三年的,可以延长至一个半月"的规定,也是脱离审判实际的。

4. 应该取消刑事速裁程序

刑事诉讼法第二章第四节第 222 条至 226 条，专门规定了刑事速裁程序。首先，这节内容与本章第三节简易程序，在内容上基本重复，只是在审理期限上，要求法官审理案件的期限更短、结案更快。例如刑事诉讼第 225 条，法院适用速裁程序审理案件，在受理后十日内审结；对可能判处有期徒刑超过一年的，可以延长至十五日。其次，简易程序其实已经包含了速裁程序，这两者在逻辑上应该是属种关系，即速裁程序已经被包含在简易程序里面了。如果实践中真的遇有简单刑事案件时，那么适用简易程序审理即可，无必要叠床架屋，再增设速裁程序。再次，审理期限，不能因为案件小、判刑轻，就可以草率审理、匆忙结案的。因为任何人的自由权利、人格尊严都是至高无尚的，不能因为犯罪轻微，就受到不慎重的审判。又有，犯罪轻微与无罪判决，在罪与非罪的界线上更需要深入研究，慎重甄别。还有，规定速裁程序审理期限，明显脱离审判实际，例如法官正在审理重大疑难案件时，或者正在审理上级法院督办案件时，或者正在审理其他快到审理期限案件时，或者法官正在学习培训、参加会议等，这时候如果被分到三五个需要适用速裁程序审理的案件，怎么可能在十日或者十五日内全部结案呢？综上，刑事诉讼法第二章第四节刑事速裁程序，应该给予整节取消。

五、我国三大诉讼法中诉讼期限存在问题

5. 上诉、抗诉期限应予延长

刑事诉讼法第230条，不服判决的上诉和抗诉的期限为十日，不服裁定的上诉和抗诉期限为五日。从接到判决书、裁定书第二日起算。首先，被告人大多数不懂法律、不懂诉讼，对于自己的刑事犯罪问题只能求助于律师。其次，在上诉期限里被告人已是身陷囹圄，与世隔绝，对于自己的案情不能与外界有任何诉说与沟通，只能囿于看守所里被动的等待律师前来会见。通常情况下，律师前来会见时可能已经过去了上诉期限的三五天甚至七八天。再次，刑事案件对一个家庭来讲多数是初次发生的，其近亲属通过什么途径寻找律师，怎样才能请到好的律师，大多数家庭不熟悉不了解，这就需要三五天甚至十多天时间。又有，律师接受家属委托后要腾出专门时间联系法院去阅卷，去看守所会见，这也需要三五天甚至十多天时间。还有，书写刑事上诉状，通常会在阅卷、会见和调查之后，上诉请求与上诉内容，也要再去看守所征求被告人的意见，定稿后还要拿去看守所请被告人签字等，这又需要三五天甚至十多天时间。同时，有的看守所人满为患，即使去看守所会见也要提前预约、排队等。现实中由于会见律师多，会见房间少，有的看守所对律师会见时间也作出限制，对于职务犯罪案件，经济犯罪案件以及共同犯罪案件等，这些限定时间是明显不够用的，有时需要跑几次才能完成会见。所以，刑事诉讼法规定十日或者五日的上诉期限，是明确脱离诉讼实际的。换个角度讲，这么短的上诉期限里，不仅无法保障被告人的上诉权利，而且在诉讼上也会滋生甚至造成冤假错案。

现实中，有的法院在国庆长假、春节长假临近前会清理一批刑事案件，并在长假前几天将刑事判决书送达被告人。之后，法院、律师事务所、看守所以及被告人近亲属都处在法定休息日之中。在这种情况下，即使律师在长假期间接受其近亲属委托后，也只能在长假过后开始上班的第一天去法院阅卷，去看守所会见，并在当天写好刑事上诉状，还要在当天送交法院签收等。一日之内怎么能做好这些关系人的自由甚至生命的事情呢？假定做出了，是不是匆忙而浮浅呢？因为现行刑事诉讼法是把长假前几天与长假中的七日，都以自然日算进十日或者五日的上诉期限里的，所以就造成了被告人无法正常行使上诉权利的情形。同时，在长假期间，检察院也会遇到这种无法正常行使抗诉权利的情形。现在对上诉、抗诉期限给予相对延长后，即使以后遇到这种长假情形，也不会影响到被告人行使上诉权利和检察院行使抗诉权利。总之，当事人的上诉时间与检察院的抗诉时间都应保障在两个月左右，以切实维护他们行使上诉、抗诉的诉讼权利。

6. 二审法院审理期限应该延长

刑事诉讼法第 243 条 1 款，二审法院审理上诉、抗诉案件，

五、我国三大诉讼法中诉讼期限存在问题

在两个月内审结。对于可能判处死刑案件或者附带民事诉讼案件，重大犯罪集团案件，流窜作案重大复杂案件，犯罪涉及面广且取证困难的重大复杂案件，交通十分不便边远地区重大复杂案件，具有其中情形之一的，经高级人民法院批准或者决定，可以延长两个月。因特殊情况还需要延长的，报请最高人民法院批准。首先，刑事案件经公安侦查、检察院审查、一审法院审理后，个别案件事实不清、证据不足，甚至罪与非罪界线不清的案件还是时有发生的，所以，两个月内审结刑事二审案件，期限还是太短，容易滋生冤假错案。换个角度讲，审理期限太短，容易使法官对案情缺乏全面客观、深入细致的研究，更容易造成法官迫于审理期限压力而浮于案情表象、草草结案的现状，实质上不利于对被告人的定罪量刑，更不利于我国刑法的公正实施。

案例：2011年7月，山东省临沂市费县上冶镇李某一家三口饭后死亡，经化验系服用毒鼠强致死，遂逮捕同村村民任某。2013年6月，临沂市中级人民法院以投放危险物质罪判处任某死刑、缓期二年执行。2016年3月，山东省高级人民法院以事实不清、证据不足为由，撤销原判，发回重审。2017年7月，临沂中院再次以投放危险物质罪判处任某死刑、缓期二年执行。2019年1月，山东高院再次撤销原判、发回重审。同年7月，临

诉讼时间新论

沂市人民检察院以"证据发生变化"为由，向法院申请撤回公诉。同年8月，被告人任某被释放。从此案看出，山东高院作为二审法院，第一次审理用时两年七个月，第二次审理用时一年五个月，两者用时之和长达四年，所以，应对二审法院审理刑事案件时间作出相应延长。

案例：1998年6月，河北省邢台市隆尧县霍庄村发现一具女性尸体。1999年12月，邢台市中级人民法院作出刑事判决，认定被告人徐某犯故意杀人罪，判处死刑，剥夺政治权利终身。徐某不服提出上诉。2000年6月，河北省高级人民法院以事实、证据不清为由，撤销原判，发回重审。2000年12月，邢台市中级人民法院再次以故意杀人罪判处徐某死刑，剥夺政治权利终身。徐某不服再次上诉，2001年3月，河北高院第二次以事实、证据不清为由，撤销原判，发回重审。2001年9月，邢台中院以故意杀人罪改判徐某死刑，缓期二年执行，剥夺政治权利终身。徐某不服第三次提出上诉。河北高院以事实、证据不清为由，第三次撤销原判、发回重审。2003年7月，邢台中院第四次以故意杀人罪判处徐某死刑，缓期二年执行，剥夺政治权利终身。徐某不服第四次提出上诉。2005年12月，河北高院以证据不足，指控罪名不能成立为由，判决上诉人徐某无罪。期间，邢

五、我国三大诉讼法中诉讼期限存在问题

台中院两次判处死刑,两次判处死缓;河北高院三次撤销原判,发回重审,最后一次以证据不足为由,判决上诉人徐某无罪。从此案审理时间看,两级法院审理这起刑事案件长达七年,最终判决无罪。其中,河北高院改判徐某无罪时,其审理时间长达两年半之久。

案例:2006年7月,福建省平潭县澳前村丁某家晚饭后,两名小孩中毒死亡,四名大人经抢救后脱离危险。警方侦查后,遂对同村邻居念斌拘留。2008年2月,福州市中级人民法院以投放危险物质罪判处念斌死刑,剥夺政治权利终身。宣判后念斌不服提出上诉。同年12月,福建省高级人民法院以事实不清、证据不足为由,撤销原判,发回重审。2009年6月,福州中院仍以上述罪名判处念斌死刑,剥夺政治权利终身。念斌不服第二次提起上诉。2010年4月,福建省高级人民法院裁定驳回上诉,维持原判。依照死刑复核程序,该案报送中华人民共和国最高人民法院复核。2011年4月,最高人民法院以事实不清、证据不足为由,撤销原判,发回重审。2011年5月,福建省高级人民法院也以事实不清、证据不足为由,撤销福州市中级人民法院判决,发回福州中院重新审理。同年11月,福州中院第三次以上述罪名判处念斌死刑,剥夺政治权利终身。宣判后念斌不服第三

次提出上诉。2014年8月,福建省高级人民法院判决念斌无罪,当庭释放。该案经三级法院审理共长达八年。其中,仅开庭审理就累计十次。从诉讼程序上看,福州中院先后三次判处念斌死刑,剥夺政治权利终身。福建高院第一次撤销原判、发回重审;第二次驳回上诉,维持原判;第三次宣判念斌无罪。最高人民法院以事实不清、证据不足为由,撤销原判,发回重审。所以,对于刑事案件的审理时间,立法不能规定太短的审理期限。

7. 应该取消刑事诉讼法第243条2款

刑事诉讼法第243条2款,最高人民法院受理上诉、抗诉案件的审理期限,由最高人民法院决定。首先,这就是说最高人民法院审理刑事案件,是没有审理期限限制的,审理时间、期限长短,都由最高人民法院自己决定。虽然,我国宪法第132条明确赋予最高人民法院监督地方各级人民法院的权利,但是,最高人民法院在案件审理期限上也应该以身作则,率先垂范。其次,诉讼法颁布后,不论哪级法院都应该遵守,而不能因为自身是最高法院就可以例外,即不论哪级法院,都应该遵守一个共同的诉讼时间规则,在规则面前,法院之间一律平等。最后,从诉讼原理讲,法院审理案件时间是由立法机关通过立法方式规定的,而不是由法院自身可以决定的,所以,刑事诉讼法不应该授

五、我国三大诉讼法中诉讼期限存在问题

予最高人民法院自己决定审理期限的权限。综上,应该将刑事诉讼法第243条2款予以取消。

8. 最高人民法院也应同样设定审理期限

刑事诉讼法第三编第四章死刑复核程序里,对于最高人民法院的审理期限未做具体规定。也可以讲,最高人民法院审理死刑复核案件时,是没有审理期限限制的,其实,全国四级人民法院都应该设立案件审理期限,都应该遵守同一个标准或者规则。其次,最高人民法院作为我国最高审判机关,更应该以身作则,起到模范带头作用,所以,在该编章里应该对最高人民法院审理死刑案件的审理期限作出明确规定,并应该与高级人民法院、中级人民法院审理死刑案件的审理期限相同或者基本相同。

9. 死刑复核程序,应该新设最短审理时间

死刑复核程序,是我国刑事诉讼法在实行两审终审制以外,又增加设置的一道法律程序,以体现对死刑案件的慎重审理、慎重判决。现在,死刑复核程序由中华人民共和国最高人民法院行使。换个角度讲,死刑案件,通常由中级人民法院作一审,高级人民法院作二审,最高人民法院作复核审,才能最后判决下来。

死刑案件,立法应该新设最短审理时间。例如内蒙古呼和浩特市被告人呼格吉勒图死刑案件,将无辜者呼格吉勒图于1996年6月以杀人罪、流氓罪判处死刑并予以执行,从公安立案和侦

诉讼时间

查终结，到检察院批准逮捕和提起公诉，再到一审法院审理并作出死刑判决，又到二审法院履行死刑上诉程序和死刑复核程序*以及交付执行死刑，公检法三机关前后只用了 60 个自然日。其中，一审法院审理时间不足 15 个自然日，二审法院审理时间不足 10 个自然日。2005 年 10 月，即过了九年之后真凶出现。2006 年 3 月，内蒙古高级人民法院进入审判监督程序给予再审。2014 年 11 月，内蒙古高院改判被告人呼格吉勒图无罪。

又如河北省鹿泉县被告人聂树斌死刑案件，将无辜者聂树斌于 1995 年 4 月以杀人罪、强奸罪判处死刑并交付执行后，河北省高级人民法院在履行死刑上诉和死刑复核这两个法律程序时，前后用时不足 30 个自然日。2005 年 1 月，过了十年之后真凶出现。2016 年 12 月，过了二十一年后，最高人民法院改判聂树斌无罪。

再如河南省巩义市被告人魏清安死刑案件，1984 年 5 月，郑州市中级人民法院以强奸罪判处被告人魏清安死刑并交付执行。仅仅过了一个月后真凶出现，另案被告人田某主动供述了这起强奸犯罪事实。1987 年 1 月，最高人民法院改判魏清安无罪。如此等等，不一而足。所以，审判实践中对于死刑案件审理时间

---

* 1983 年 9 月起，我国死刑上诉程序与死刑复核程序是合二为一的。2005 年 10 月起，死刑复核程序收归最高人民法院行使。

五、我国三大诉讼法中诉讼期限存在问题

太短,是滋生甚至造成冤假错案的重要外部条件。

对于死刑案件,立法应该设定最短审理时间。一是给予法官充分的审理时间,避免匆忙阅卷、草率结案,更避免滋生甚至造成冤假错案。二是人命关天,一定要体现慎刑的刑罚宗旨,特别是对犯罪证据和犯罪事实,一定要审理得清清楚楚,并经得起历史的检验。三是在匆忙结案、快速审理的要求下,如果错判死刑后则无法挽回。法院如果将无罪的人判处死刑并予以执行,其丑闻将被永久的记载于我国审判历史上。总之,一审、二审、死刑复核程序的审理时间,均不得少于立法限定的最短审理时间;少于这个法定审理时间的,均以违法审理、违法审判认定。

实施新的诉讼时间后,对于死刑案件的一审程序、二审程序和复核程序,三级法院在审理时间上均变得有法可依。同时,新的诉讼时间首次设立了审理死刑案件不得少于最短审理时间的规定,以深刻吸取历史上将无辜的人判处死刑并予以执行的沉痛教训。总之,一审程序、二审程序、死刑复核程序,都要新设不得少于法定最短审理时间的规则,以保障三级法院都能慎重、谨慎的审理、判决死刑案件。

10. 审判监督程序,应制定明确的审理期限

刑事诉讼法第258条,法院按照审判监督程序重新审判案件,在作出提审、再审决定之日起三个月内审结;需要延长期限

的，不得超过六个月。首先，审判监督程序，是对两级法院已判决生效的刑事案件给予重新立案、重新审理、甚至重新判决，除了驳回再审申请的案件以外，通常会部分推翻或者从根本上推翻之前两级法院已经生效的刑事判决。其次，这类案件，具有时过境迁、案情错综复杂、重新取证困难、审理难度大、人为阻力大等特点。因此，特别需要法官的魄力与经验，信仰与责任，以及合议庭、审判委员会的理解与支持，所以，对于以审判监督程序立案的案件审理时间，应该比一审普通程序、二审普通程序的审理时间要更长一些，才能符合这类案件的审判规律与审判特点。

• **案例**：1987年4月，湖南省麻阳县高村镇发现一具女尸，警方确认死者为石某。1988年10月，被告人腾兴善被提起公诉。同年12月，湖南省怀化市中级人民法院以故意杀人罪判处被告人腾兴善死刑，剥夺政治权利终身。宣判后，被告人不服提出上诉。1989年1月，湖南省高级人民法院裁定驳回上诉，维持原判。随后，被告人腾兴善被执行死刑。1993年6月，死者石某亲身返回老家，演绎了一场"亡者归来"的惊人场景。2006年1月，湖南省高级人民法院以审判监督程序对被告人滕兴善故意杀人案进行再审，并宣判被告人滕兴善无罪。从此案看出，十九年以后，法院才决定对一起错案进入审判监督程序给予

五、我国三大诉讼法中诉讼期限存在问题

审理、判决。同时也看出，怀化中院对于此案一审审理时间不足60个自然日，湖南高院对于此案二审审理时间不足30个自然日。

案例：1998年8月，广东省珠海市小林镇严某被强奸杀害。2001年5月，珠海市中级人民法院以强奸罪、杀人罪判处被告人徐某死刑，缓期二年执行。徐某不服判决，遂提出上诉。同年12月，广东省高级人民法院裁定驳回上诉，维持原判。2005年11月，徐某服刑期间提出申诉，被广东高院裁定驳回。2006年12月，最高人民检察院对徐某申诉案给予立案。2008年10月，广东省高级人民法院作出再审决定。2011年7月，广东高院又作出刑事裁定，撤销一审、二审刑事判决，发回珠海市中级人民法院再审。2012年8月，珠海中院开庭审理徐某强奸、杀人一案。2014年4月，广东省人民检察院向珠海市中级人民法院发出《纠正违法检察建议书》，督促珠海中院尽快作出审理、判决。2014年9月，珠海中院对被告人徐某改判无罪。这起刑事案件，从案发到结案前后历时十六年之久。其中，广东高院以审判监督程序审理判决，历时三年之久；珠海中院以审判监督程序审理判决，历时近三年之久。另外，两级检察院对法院进行督办也长达七年之久。

诉讼时间新论

案例：2008年1月，广东省佛山市中级人民法院作出〔2006〕佛刑二初字第65号刑事判决，认定被告人顾某犯虚报注册资本罪，判处有期徒刑二年，并处罚金660万元；犯违规披露、不披露重要信息罪，判处有期徒刑二年，并处罚金20万元；犯挪用资金罪，判处有期徒刑八年。数罪并罚，决定执行有期徒刑十年，并处罚金680万元。宣判后，顾某不服提出上诉。2009年3月，广东省高级人民法院以〔2008〕粤高法刑二终字第101号刑事裁定，驳回上诉，维持原判。2012年9月，顾某刑满释放后申请法院以审判监督程序进行再审。2017年12月，最高人民法院决定再审并提审本案。2019年4月，最高人民法院以〔2018〕最高法刑再4号刑事判决，改判顾某犯挪用资金罪，判处有期徒刑五年。同时，其他定罪量刑部分均予撤销。从本案看出，广东高院审理刑事上诉案件一年两个月，被告人顾某刑满释放后申请上级法院再审历时五年三个月。同时，二审法院判决生效至最高人民法院再审立案相隔八年九个月，最高人民法院以审判监督程序审理本案一年四个月。所以，对于二审法院审理刑事上诉案件的时间，被告人在监狱里或者刑满释放后申请再审的时间，最高人民法院提审后审理再审刑事案件的时间，立法都不能限定太短的审理、申诉和再审的时间。

五、我国三大诉讼法中诉讼期限存在问题

案例：1998年2月，云南省昆明市中级人民法院认定被告人孙某犯强奸罪、强制侮辱妇女罪、故意伤害罪、寻衅滋事罪。其中，以强奸罪判处孙某死刑，剥夺政治权利终身。宣判后孙某提出上诉。1999年3月，云南省高级人民法院对孙某改判死刑、缓期二年执行。2007年9月，云南高院决定以审判监督程序进行再审，并改判孙某有期徒刑二十年。2010年4月，孙某服刑十二年五个月后刑满释放。2019年5月，云南高院决定第二次以审判监督程序对孙某一案进行再审。同年12月，云南高院第二次作出再审刑事判决，撤销本院2007年9月的再审刑事判决和1999年3月的二审刑事判决，维持昆明中院1998年2月的刑事判决。第二次再审期间，云南省玉溪市中级人民法院对孙某出狱后2013年至2018年期间，又犯组织领导黑社会性质组织罪、开设赌场罪、寻衅滋事罪、非法拘禁罪、故意伤害罪、妨害作证罪、行贿罪，数罪并罚后决定执行有期徒刑二十五年，剥夺政治权利五年，并处没收个人全部财产。孙某上诉后，被云南高院驳回上诉，维持原判。之后，云南高院第二次审判监督程序的刑事判决与玉溪中院的刑事判决合并执行，决定以强奸罪判决孙某死刑、剥夺政治权利终身，并处没收个人全部财产。2020年1月起，根据死刑复核程序，该案报送最高人民法院核准。从此案看出，云南高院仅是启动审判监督程序，前后就进行了两次。第一

次进行再审,是在终审刑事判决生效八年后进行;第二次进行再审,是在再审刑事判决生效十二年后进行。换言之,一个刑事案件历时二十一年以后,第二次进入审判监督程序重新进行审理,并第二次作出再审刑事判决。所以,对于审判监督程序,立法不能简单设定很短的申请再审期限或者决定再审期限。

六、应单列对裁定案件审理时间立法规定

裁定，解决案情程序性问题；判决，解决案情实体性问题。

在普通程序、简易程序之外，应该单列对裁定案件诉讼程序的立法规定，即单列裁定程序。换个角度讲，裁定程序可以参照简易程序，在诉讼程序与诉讼时间上相同。区别是前者审理程序性问题，后者审理实体性问题。

根据民事诉讼法第 154 条，作出裁定的案件有：不予受理的案件，对管辖权有异议的案件，驳回起诉的案件，财产保全和先予执行的案件，准许或者不准许撤诉的案件，中止或者终结诉讼的案件，补正判决书笔误的案件，中止或者终结执行的案件，撤销或者不予执行的仲裁案件，对公证处公证的债权文书不予执行的案件等。其中，对前三项规定情形，当事人可以提出上诉。

在前三项规定的情形中，除了对管辖权有异议的案件属于相对单纯的程序性案件以外，不予受理的案件，驳回起诉的案件，都是在对案情实体问题进行审理后作出的裁定，实质上也可以说

是对案情实体问题经过审理后作出的判决。

根据行政诉讼法第56条,裁定适用于被告政府机关认为需要停止执行的,原告或者利害关系人申请停止执行的,法院认为继续执行行政行为会对公共利益、国家利益造成重大损害的。第57条,裁定适用于支付抚恤金、最低生活保障金、工伤、医疗社会保险金案件。第61条,裁定适用于法院认为审理行政案件时需要以民事诉讼的裁判为依据的。第62条,裁定适用于原告申请撤诉的案件。第89条1款1项,原判决、裁定认定事实清楚,适用法律、法规正确的,判决或者裁定驳回上诉,维持原判决、裁定;4项,原判决遗漏当事人或者违法缺席判决等严重违反法定程序的,裁定撤销原判决,发回原审法院重审。

与民事诉讼法不同,行政诉讼法里没有规定上述各种裁定中,哪些裁定可以上诉,哪些裁定不能上诉。从上述裁定适用的各种情形分析,应该都是在审理实体问题时遇到了程序问题,即实体案情中夹带着、掺杂着程序问题。对于这些裁定,因为当事人缺少上诉的条件、起因和意义,所以可以全部归入对于实体问题的审理之中,并且适用审理实体问题的诉讼程序与诉讼时间。换个角度讲,对于这些裁定,可以作为一个程序性问题,在审理案情实体性问题时顺便审理、判决即可。简言之,对于行政诉讼法规定的上述裁定所适用的各种情形,当事人似乎都无上诉的条件与

六、应单列对裁定案件审理时间立法规定

上诉的可能。在此情况下,法院可以按照审理实体问题过程中遇到了程序问题而一并解决,无需作为单纯的程序性问题去解决。

根据刑事诉讼法第236条,二审法院对一审法院上诉、抗诉案件,认为一审事实认定和法律适用正确、量刑适当的,应当裁定驳回上诉、抗诉,维持原判;或者认为一审事实不清、证据不足的,可以裁定撤销原判,发回重新审判。第238条,二审法院发现一审法院违反公开审判的、违反回避的,剥夺或限制被告人的诉讼权利,可能影响公正审判的,合议庭组成不合法等情形时,可以裁定撤销原判,发回重审。第240条,二审法院对不服一审法院裁定的上诉、抗诉,分别情形用裁定驳回上诉、抗诉。第250条,最高人民法院复核死刑案件时,应当作出核准或者不核准死刑的裁定。第262条,最高人民法院在作出执行死刑命令后,发现判决可能有错误的,被告人在被执行前揭发重大犯罪事实或者有重大立功表现的,女性被告人正在怀孕的,由最高人民法院作出裁定。第297条,被告人死亡的,应当裁定终止审理。同时,刑事诉讼法第204条、205条,分别规定了延期审理、终止审理的各种情形,也用裁定作出。

与民事诉讼法不同,在刑事诉讼法里也没有规定上述各种裁定中,哪些裁定可以上诉,哪些裁定不能上诉。从上述裁定所针对的情形分析,应该是在审理案情实体问题过程中遇到了程序性

问题，也可以全部归入对于案情实体性问题的审理之中，并且适用实体性问题的诉讼程序与诉讼时间。换言之，上述刑事裁定适用的各种情形，似乎都没有当事人上诉的条件与上诉的可能。

从上述三大诉讼法看出，裁定通常解决程序性问题，但是，在解决程序性问题时都会涉及到案情的实体性问题，有的还会涉及到全案的实体性问题，所以，对裁定问题的审理不仅仅是对单纯程序性问题的审理。实践中，民事、行政、刑事案件，有不少是程序性问题与实体性问题互相混合在一起的，甚至是前后交叉出现的。对于这类情形，除去单纯程序性案情之外，应该按照实体性案情进行对待、进行审理。

对三大诉讼法分析，当事人对裁定有权利提出上诉的，主要有民事诉讼法中"不予受理的案件，对管辖权有异议的案件，驳回起诉的案件"这三类案件。同时，行政诉讼法、刑事诉讼法也会面临着这三个问题，只是迄今没有通过立法方式给予明确下来。现在，可以从民事诉讼法中"不予受理的案件，对管辖权有异议的案件，驳回起诉的案件"推及到行政诉讼法、刑事诉讼法中，并在三大诉讼法中给予同时适用。其次，针对这三种可以上诉的情形，三大诉讼法可以单列出来以规范诉讼程序与诉讼时间。裁定案件，通常比判决案件相对简单一些，但是，有的时候也并不是这样。为了使立法尽可能简洁清晰，方便当事人理

六、应单列对裁定案件审理时间立法规定

解记忆,也方便法官操作应用,可以将裁定审理程序纳入简易审理程序里面,即裁定案件一律适用简易程序进行审理,并适用简易程序的诉讼时间。与此同时,法官在审理民事、行政、刑事案件的案情实体性问题的时候,如果遇到了部分程序性问题,那么一律按照审理实体性问题进行对待,进行处理,并且适用审理实体性问题的诉讼程序与诉讼时间。

综上所述,对于"不予受理的案件,对管辖权有异议的案件,驳回起诉的案件"这三大类案件,可以单列对裁定案件审理时间的立法规定,并且纳入适用简易程序审理的诉讼程序与诉讼时间里。同时,对于其他程序性问题,一律纳入审理案情实体性问题进行对待、进行审理,并且分别适用一审普通程序、二审普通程序、死刑复核程序、审判监督程序的诉讼程序与诉讼时间。

在对裁定案件单列诉讼程序后,我国三大诉讼法中就分普通程序、简易程序和裁定程序三大类程序。其中,对当事人上诉的,不再分"对判决不服的,应在多少日内上诉";"对裁定不服的,应在多少日内上诉"这两种上诉期限,而是实行新的"适用普通程序审理的,上诉期限有多少日","适用简易程序审理的,上诉期限有多少日","适用裁定程序审理的,上诉期限有多少日"的分类方法。另外,将裁定程序纳入简易程序后,

两者的审理时间、上诉时间都是相同的。

案例：原告魏某、陈某诉安徽省滁州市来安县人民政府收回土地使用权批复案，滁州市中级人民法院于2011年12月作出(2011)滁行初字第6号行政裁定书，驳回魏某、陈某的起诉。裁定后，两人不服提出上诉。安徽省高级人民法院于2012年9月作出〔2012〕皖行终字第14号行政裁定书，撤销原裁定，指令滁州市中级人民法院继续审理本案。从此裁定看出，二审法院审理不服一审法院驳回起诉的行政裁定而上诉的行政诉讼案件，仅审理时间就长达约八个月。

七、诉讼时间原则新探

（一）法官与当事人诉讼时间平等

法官，只有把自己放在与当事人平等的诉讼地位，才会从内心尊重当事人，才会对当事人有责任心，有义务感，并且在诉讼过程中能够换位思考，切实维护当事人的诉讼利益，而不是刻板、教条的去要求当事人，甚至利用诉讼规则去限制、刁难当事人。在诉讼时间上，法官的审理案件时间与当事人举证时间和准备诉讼材料的时间应该是平等的，即裁判者、被裁判者在诉讼时间上都应该处在平等的诉讼地位上。其次，只有尊重当事人，赋予当事人更多的举证时间和准备诉讼材料的时间，法官才能在当事人充分举证并充分发表诉辩意见的基础上，完整、系统的研究案情，而不是取得或者部分取得证据、诉讼意见后就作出认定，甚至作出判决。实践中，因为法官审理案件更需要对案情负责，对当事人负责，对社会负责，所以，在总的诉讼时间里，可以适当给法官审理案件多一些审理时间，同时从当事人那里适当减少

诉讼时间

一些诉讼时间。

给当事人留出充分的收集证据，准备诉讼材料，准备开庭时间，同时，也给当事人留出充分的准备上诉时间，收集新证据、申请重新鉴定时间。一是使当事人充分行使自身的诉讼权利，体现了法院对当事人诉讼权利的尊重、保障。二是当事人这样做后，其实对法院审理案件是非常有益的，也是非常有帮助的，因为当事人把案情所有问题都深入研究过了，法官只要把他们的诉辩意见进行梳理并决定采纳与否就可以了。三是只有给当事人留出充分的准备诉讼时间，法院才能在当事人提交充分证据并充分阐述理由的前提下，准确的把握案情实质和争议焦点，并作出正确判断，这样做有利于判决公正合理，也有利于减少当事人上诉、甚至长期缠讼等。

民事诉讼法第65条，法院根据当事人主张和案件审理情况，确定当事人提供的证据及其期限。最高人民法院关于适用民事诉讼法解释［法释〔2015〕5号］第99条，法院在审理前的准备阶段确定当事人的举证期限。举证期限可以由当事人协商，并经法院准许。法院确定举证期限，一审普通程序案件不得少于十五日，二审案件不得少于十日。最高人民法院《关于民事诉讼证据若干规定》［法释〔2001〕33号］第33条，由法院指定举证期限的，指定期限不得少于三十日。

七、诉讼时间原则新探

上述法条,在当事人举证期限上,一是举证期限是由法院确定或者指定,具体多长期限并不明确。二是最高人民法院司法解释与颁布规定有些不同,前者"不得少于十五日",后者"不得少于三十日"。现在,将法院审理案件时间与当事人举证、提交诉讼材料时间进行比较发现,一审适用普通程序审理的,法官审理案件时间是六个月,可是,对当事人提交证据时间是"不得少于三十日",或者"不得少于十五日"。这样一来,在六个月的诉讼时间里,法官审理案件时间约有五个月,或者五个半月,当事人收集证据、提交诉讼材料时间只有一个月,或者半个月,即当事人举证时间、提交诉讼材料时间只占法官审理案件时间约1/6,或者1/12,这使得法官审理时间与当事人举证时间、提交诉讼材料时间明显不公平、不协调。实践中,立法应该给予当事人举证时间和准备诉讼材料时间,不应少于法官审理案件时间的1/3。同理,当事人上诉时,其上诉后的诉讼时间也不应少于二审法院审理时间的1/3。

(二)最高法院与地方各级法院诉讼时间平等

刑事诉讼法第243条2款,最高人民法院受理上诉、抗诉案件审理期限,由最高人民法院决定。这就是说,最高人民法院审理上诉、抗诉的刑事案件时,自身是没有审理期限约束的,对案件具体审理多长时间，也都是由自己决定的。我国宪法第132条"最高人民法院是最高审判机关。最高人民法院监督地方各级人民法院和专门人民法院的审判工作，上级人民法院监督下级人民法院的审判工作"。首先，立法应该对于最高人民法院审理案件的时间作出具体、明确规定，而不是由最高人民法院自己决定。最高人民法院作为国家最高审判机关，在诉讼程序与诉讼时间上应以身作则，带头起到表率示范作用。具体讲，在审理时间上可以参照三大诉讼法中关于二审普通程序审理案件时间来制定最高人民法院的审理案件时间。其次，最高人民法院对于地方各级法院具有监督权，享有监督权者自身也应该被监督，以获得地方各级法院的尊重与敬佩。同时，在诉讼时间上最高人民法院也应该接受全社会的监督，特别是新闻媒体的监督，人民群众的监督。

（三）中外当事人诉讼时间平等

法律适用，不因当事人身份不同而制定不同的法律。

民事诉讼法总则第5条、第8条，确立了中外当事人诉讼地位平等、权利义务平等的诉讼原则，可是，分则第270条规定"法院审理涉外民事案件的期间，不受本法第149条、第176条的限制"。这就是说，对于在我国没有住所的外国当事人，一审

七、诉讼时间原则新探

适用普通程序审理的,没有审理期限的限制;二审适用普通程序审理的,也没有审理期限的限制。这是中外当事人诉讼地位不平等的立法,应从根本上纠正。理由是中外当事人诉讼地位、权利义务一律平等,法治社会不允许因当事人身份不同而制定不同的立法,更不允许有超出法律之外的特权,所以,民事诉讼法第270条,应予取消。其次,民事诉讼法第269条,在上诉期限上给予外国当事人三十日的上诉期限,即给予多于国内当事人1倍的上诉时间,这也是不公平、不合理的,该条款也应取消。理由是现代世界通讯便捷、交通发达,所有诉讼文件资料等,均可在数日甚至当日送达,无必要也无意义对外国当事人(含港澳台)延长上诉期限,且邮寄送达等在途时间均不计入上诉期限里面。而且,外国当事人委托的律师都是我国律师,法院通常是对国内律师送达判决书等,而国内律师与其当事人又有着便捷、快速的通讯联络方式,对于送达时间也无担心的必要。

(四)法官应在宽松的时间里审理案件

案件,错综复杂,责任重大。对于任何一个案件,不论是民事案件,还是行政案件,或是刑事案件,都需要法官鉴别真伪,明辨是非,分清责任,公平判决,以维护公民的权利,企业公司的权利,并惩处、制衡各种违法、犯罪行为。民事案件,很多都涉及企业公司的生存，公民、法人的荣辱，正义与良知的维护。行政案件，法官有权利审查政府行政行为的合法性，监督政府在"公权，法无授权不可为；私权，法无禁止即可为"的轨道上依法行政。刑事案件，法官要保障公民的生命、自由、民主及财产权利，惩处、教育和改造社会中形形色色的犯罪行为，以建立我国公平正义、文明进步的社会秩序。

法官审理案件，必须要有宽松的时间。有了宽松的时间，法官才能全面、深入的研究案情，做到对当事人负责，对社会负责，对法律负责。其次，我国三大诉讼法中还应该给法官特意留出一个"冷静反思期"，即法官审结案件并初步定稿判决书后，可以把这个案件有意识的放一放，停一停，过一段时间后再重新审视、重新思考，并再次翻阅卷宗，再次参阅法律资料，以对案情的判决结果作出最后定夺。有了这样一个"冷静反思期"后，法官通常还会发现判决书中有的事实表述或者法律阐述需要修改的问题，或者发现判决书中还有明显疏漏或者失误的问题，经过这个"冷静反思期"后所作出的判决，才是精益求精的。

法官，应有宽松的、充足的审理案件时间，这是由审判规律和审判特点所决定的，而不是出于良好的主观愿望去人为设定的。即使人为设定，也必须尊重审判规律与审判特点，而不能把审理案件时间压缩在一个不科学、不合理的时间范围内，更不能

七、诉讼时间原则新探

把法官禁锢在较短的审理期限里,为了在审理期限内全部结案而疲于应付、加班加点的工作状态中。

如果立法要求法官必须在很短时间内审理、结案,那么,法官面对手头十几个甚至几十个案件时,就会陷于疲于应付,草率审理、匆忙结案的工作状态中,案件质量无法保障,冤假错案不断滋生。接着,案件上诉率增高,申请再审案件增多,投诉信访、甚至长期上访、长期缠讼等也会不断增加,最终陷入一个恶性循环的司法状态之中。

法官手头只有两三个案件或者三五个案件时,可以适应三大诉讼法现行的审理案件期限,可是,当法官手头有十几个甚至几十个案件时,就无法适应现行的三大诉讼法了。例如法官手头被分到50个案件时,在一审适用普通程序审理案件的六个月期限中,以每周5个工作日审结2个案件计算:一个月审结8个案件后,剩余42个案件只剩五个月的审理期限了。两个月审结16个案件后,剩余34个案件只剩四个月的审理期限了。三个月审结24个案件后,剩余26个案件只剩三个月的审理期限了。四个月审结32个案件后,剩余18个案件只剩两个月的审理期限了。五个月审结40个案件后,剩余10个案件只剩一个月的审理期限了。六个月审结48个案件后,剩余2个案件还没有开始审理,就已经超出审理期限了。换个角度讲,当法官审结二三十个案件时,剩余二三十个案件就剩下三两个月的审理期限了。在最后三两个月的审理期限里,面对这二三十个案件,法官只能疲于应付、草率结案了。特别是当旧的案件还没有审理完结,新的案件又源源不断的被分配到法官手头,而且,每个星期都会有新的案件,有时两三件有时七八件的被分配进来。从案件被分配进来的当天,不管法官当时手头有多少未审结的案件,这些新分配来的案件,都要开始计算审理期限了。

  案件,是法院内部电脑系统源源不断的、永不停止的通过电脑机选方式分配给法官审理的。旧的案件未结,新的案件又来。在审理期限上,即使有时案件堆积如山,法院内部电脑系统也是用倒计时的方法计算着每个案件的审理期限,并先后用黄色、红色字体提醒着法官未结案件的最后审理期限,这样周而复始、循环往复。每次循环之后,都会给法官留下快到期限的几个甚至十几个案件,都会使法官陷入匆忙应对的审理案件的状态之中。新的诉讼时间实行后,一审普通程序,二审普通程序,一审简易程序,二审简易程序,死刑复核程序,审判监督程序,还有裁定程序的诉讼时间、审理时间,都比现行的诉讼时间要明显长些。只有这样,才能适应目前审判工作的现状与实践。

(五)所有案件必须在审理时间内全部结案

  设立诉讼时间,就是杜绝"审而不判,久拖不决"的现实

七、诉讼时间原则新探

情况。

实施新的诉讼时间后,所有案件必须在法定诉讼时间内全部结案。民事案件、行政案件,在上述审理时间之内无法结案的,可以就已经查清的部分案情作出判决。以后发现新的案情并足以推翻之前判决的,可以通过审判监督程序撤销原判决,重新作出判决;也可以就新查清的全部案情作出与之前判决不同的、甚至相反的新判决,并以后来的新判决为准。其次,遇有案情事实不清、证据不足的,一律驳回起诉或者驳回诉讼请求,但是,允许当事人重新取证后或者查清事实后就同一案情重新提出起诉。刑事案件,如果在上述审理时间内不能作出事实认定或者法律判断的,那么根据刑事诉讼法第200条3款,应以证据不足,指控罪名不能成立为由,一律作出无罪判决。以后遇有已有证据证明或者犯罪事实查清的,可以重新侦查、重新公诉,重新审理和判决。总之,我国三大诉讼法实施新的诉讼时间后,不允许有超出新的审理时间的任何案件的发生。

凡事都有例外,案情也是这样。如果遇有特殊或复杂案情还需要第二次延长审理时间的,法官必须书面阐述理由,并将再次延长的理由在法院网站、当地电视台、报刊等主要媒体上同时进行公告,以接受社会及新闻媒体的监督与质询。公告后,如果社会以及新闻媒体要求法官举行新闻发布会,解释、阐明延长根据和延长理由的，法官必须无条件的即时召开新闻发布会，向社会及新闻媒体公开解释、阐明延长理由。另外，第二次延长审理时间的长短，由法官根据案情自己选择和决定，并同时公布一个明确而具体的延长审理时间，以严格接受社会及新闻媒体的监督与质询。同时，法官应该声明，第二次延长为最后一次延长。

现行三大诉讼法的延长，不能成倍延长，更不能无期限延长。实行新的诉讼时间后，可以有效解决现行三大诉讼法中有的延长期限不确定甚至无期限的问题。例如民事诉讼法第149条"还需要延长的，报请上级人民法院批准"。第176条1款"有特殊情况需要延长的，由本院院长批准"。第180条"有特殊情况需要延长的，由本院院长批准"。第270条"法院审理涉外民事案件的期间，不受本法第149条、第176条的限制"。又如行政诉讼法第81条"有特殊情况需要延长的，由高级人民法院批准；高级人民法院审理第一审案件需要延长的，由最高人民法院批准"。第88条"有特殊情况需要延长的，由高级人民法院批准；高级人民法院审理上诉案件需要延长的，由最高人民法院批准"。再如刑事诉讼法第208条"因特殊情况还需要延长的，报请最高人民法院批准"。第243条"因特殊情况还需要延长的，报请最高人民法院批准"。在上述法律条款里，具体可以延长多长时间，都没有明确规定，实质上变成了可以不确定延长、无期

七、诉讼时间原则新探

限延长。同时,在审判监督程序里,民事诉讼法、行政诉讼法都没有审理期限的规定。在死刑复核程序里,刑事诉讼法也没有审理期限的规定。综上,实施新的诉讼时间后,在三大诉讼程序里都有了明确的、清晰的审理时间。换个角度讲,民事、行政、刑事案件,都有了公开的、明确的审理时间规范,都可以依法操作,并且完全可以接受新闻媒体、人民群众的监督了。

八、新诉讼时间制度建立

（一）建立三大诉讼法诉讼时间相同制度

民事诉讼法、行政诉讼法、刑事诉讼法，都是对案件审理和判决的程序性规定。其中，都有审理案件的时间要求。从总体情况看，民事案件、行政案件、刑事案件，在审理上各有各的特点，也各有各的难点，但是，审理这三大类案件都需要共同的、充足的审理时间。所以，我国可以建立三大诉讼法关于审理案件时间的具有共性的诉讼规则。

现行三大诉讼法已经具备了建立共同诉讼时间的基础。例如对于一审诉讼中适用普通程序审理案件的，民事诉讼法、行政诉讼法都规定了在六个月内审结。不服一审判决的，都规定了在十五日内提出上诉。二审法院审理上诉案件，都规定了在三个月内审结。遇有案情复杂特殊的，都规定了向上级法院报请，向最高人民法院申请延长审理期限的程序。又如三大诉讼法都规定了一审诉讼中适用简易程序审理案件的期限，都对简易程序规定了比

八、新诉讼时间制度建立

普通程序相对较短的审理期限。再如对判决书、裁定书的上诉时间都会分开规定,二审对审理判决和对审理裁定案件的期限也分开规定等。这些都表现了我国三大诉讼法在审理民事、行政和刑事案件的情况下,在程序上、在时间上都存在着共性、存在着规律。

新的诉讼时间建立,首先要保障法官有充足的审理案件的时间。其次,新的诉讼时间应以质朴简洁,方便当事人理解应用,方便法官掌握操作为好。从此意出发,立法设置新的诉讼时间,均以整数、大数划分为宜。一审普通程序,一审简易程序,当事人上诉时间,二审普通程序,二审简易程序,死刑复核程序,审判监督程序,裁定适用程序以及当事人提交证据、提交诉讼材料等,均以整数、大数计算,具有简要质朴、方便理解、方便操作的现实意义。

民事诉讼法第149条,一审诉讼中适用普通程序审理案件的,在立案之日起六个月内审结。行政诉讼法第81条,法院在立案之日起六个月内作出第一审判决。六个月内审结,也就是125个工作日审结。为了赋予法官更多的审理案件时间,也为了赋予当事人更多的举证、提交诉讼材料时间,提起上诉的时间,新的诉讼时间只能比原有的诉讼时间更长,而不能变得更短。

诉讼时间

（二）需要延长时，法官向社会发布延长公告

现行三大诉讼法都有可以多次申请延长的规定，其实，可以多次申请延长审理期限的本身就是不科学的。实践中，一审、二审普通程序中审理时间需要延长的，法院内部无需报送本院院长批准，法院之间也无需逐级上报，层层批准。理由一是这种批准、报送是一种行政审批手续，已经超出了法官司法裁判权的范围，应该从根本上取消。二是法院之间这种报送、审批流程，对社会基本上是不公开的，难以接受社会以及新闻媒体的监督。

新的解决办法是审理案件时确实需要延长审理时间的，由法官本人自己选择、自己决定，并向社会发布或者刊登延长公告，以接受社会及新闻媒体的质询与监督。具体办法是，法官在审理案件时确实需要延长审理时间的，根据新的我国三大诉讼法的延长规则来决定给予延长。之后，在法院网站，或者当地主要电视台、报刊上发布或者刊登延长公告即可，而且，发布或者刊登延长公告费用从法院办公经费中统一支出。延长公告发布或者刊登后，法官有义务接受社会的监督，接受新闻媒体的监督。必要时应该召开新闻发布会，以解答新闻记者、人民群众的提问与质询。其次，法官在法院网站、当地主要媒体上发布或者刊登延长公告时，应该同时阐明延长理由和延长依据，即延长理由和延长

八、新诉讼时间制度建立

依据,由法官根据审理案件的实际进程自己选择、自己决定,而不需要由立法提前规定。因为所有案情都具有复杂性、多样性、时代性的特征,法官完全可以根据新案情、新问题而提出公告延长的理由和依据,并不需要立法提前规定相关情形。换个角度讲,对于案情中的新问题、新事物,立法规定是永远规定不完的,也是难以适应法治社会快速发展节奏的,所以,应该赋予法官根据实际案情、实际进程而选择、决定延长审理时间的权利。最后,发布或者刊登延长公告,公告发布或者刊登时即时发生已经延长的法律效力,这比法院内部报送本院院长批准需要十天半月,又比法院之间层层报请、逐级批准,需要几个月甚至半年时间才能收到延长批复等,在时间效率上要好得多。

延长,只限一次。为了做到这点,首先要保障法官审理案件的初始时间要长。其次,延长时间只能是原有审理时间的一部分,而不是在原有时间上成倍延长,也不能多次延长,更不能无期限延长。推行延长只限一次的新规则后,可以解决原有的可以多次延长,且有的延长期限不确定等弊端,改为不论哪级法院,都有清晰而明确的延长只限一次,且延长时间相同的规则,并在延长时间内必须全部结案的制度。

在延长只限一次的情况下,作为特殊情形,法官可以根据案情的特殊性或者复杂性作出第二次,也就是最后一次延长。这次

诉讼时间

延长，法官必须即时召开新闻发布会，当面阐述、当面解答新闻媒体、人民群众的质询与监督。同时，第二次延长时，法官应将延长的根据和理由在法院网站、当地电视台、报刊等主要媒体上进行公告，以接受社会及新闻媒体的监督与质询。另外，其延长审理时间的长短，由法官根据案情自己选择、自己决定。

法官，是案件的审理者、裁判者，也是对案情最了解、最熟悉的，完全有权利对是否延长审理期限有选择权、决定权，并不需要报送担任行政职务的本院院长批准，更不需要在上下级法院之间履行逐级上报、层层审批的行政程序。而且，延长审理期限，只是一个非常简单、非常单纯的问题，法官自己完全可以根据案情审理情况而决定下来。最后，发布或者刊登公告延长，这种方法或者制度，使得法官在决定延长案件审理期限以后，直接面对社会以及新闻媒体的监督与质询，在被监督的效果上是最好的，而且，这样做也鼓励、支持了社会、人民群众对法院、对法官行使监督权的积极性。

这样立法后，可以使法官从过去被动的硬性规定中解放出来，从而变成一种自觉自愿的在审理时间内就主动把案件审理完结的行为，特别是优秀法官更会在审理时间里提前结案。这种制度实行后，时间一长，发布或者刊登延长公告的情况将会越来越少。因为法官都不情愿多次在当地主要媒体上刊登自己延长审理时间的公告,也不情愿多次被新闻媒体、人民群众提问与质询。同时,也不情愿被同事们议论自己每年有很多延长公告需要发布或者刊登,并多次支出了法院的办公经费等。

(三) 一审普通程序、简易程序新的审理时间

我国法官每年实际工作时间以 240 个工作日计算。

民事案件、行政案件、刑事案件,一审诉讼中适用普通程序审理的,立案后 200 个工作日 (10 个月) 内结案。确实需要延长的,可以延长 100 个工作日 (5 个月)。延长,一般只限一次,自公告时生效。总之,绝大多数案件不论案情如何,通常要在 200 个工作日内结案;公告延长后要在 300 个工作日 (15 个月) 内结案。

遇有特殊或复杂案情的,法官可以第二次,也是最后一次公告延长,具体延长多少审理时间,由法官自己选择、自己决定。第二次延长时,一是法官必须即时召开新闻发布会,二是应在法院网站、当地电视台、报刊等主要媒体上发布公告,均接受社会以及新闻媒体的质询与监督。另外,第二次延长公告,自发布或者刊登时即时生效。

民事案件、行政案件、刑事案件,一审诉讼中适用简易程序审理的,立案后 100 个工作日内结案。同时,适用简易程序审

理案件的,没有延长规定。审理中,发现简易程序应该转为普通程序审理的,可以转为普通程序审理,但是,两者审理时间之和不得超出 200 个工作日。其次,在普通程序审理中又需要延长的,可以按照普通程序中延长规则办理,但是,简易程序审理时间和转化为普通程序审理时间以及又公告延长审理时间,三者时间之和以 300 个工作日为限。

(四) 二审诉讼中均应增设简易程序

案件审理,应繁简分流;一审、二审都要这样。

现行三大诉讼法,一审诉讼程序中均规定了简易程序,可是,二审诉讼程序中均未规定简易程序,这使得一审诉讼中适用简易程序审理的案件,当事人上诉后,二审法院又全部改回适用普通程序审理,这不仅使得一审适用简易程序变得失去意义,而且还造成二审司法资源的无谓浪费。现在,对于民事、行政、刑事案件,在二审诉讼程序中均增设简易程序后,就会使得一审普通程序对应二审普通程序,一审简易程序对应二审简易程序,真正做到案件繁简分流,以提高审判效率。

实践中,一审法院对案件进行初步梳理后,就可以确定是适用普通程序,还是适用简易程序。适用普通程序的,一审、二审都要适用普通程序审理。适用简易程序的,会分成两种情况,一

八、新诉讼时间制度建立

是一审、二审都会适用简易程序；二是一审在审理过程中，发现应该转为普通程序审理的，可以转为普通程序审理，到了二审后依然适用普通程序。换个角度讲，简易程序是否转换为普通程序，由一审法院选择决定即可，到了二审法院只要按照一审法院适用的程序接着审理案件就可以了，即二审法院不存在是否需要转换程序的问题。

（五）二审普通程序、简易程序新的审理时间

二审普通程序中，因为一审诉讼中当事人已经基本提交了证据材料以及发表了诉辩意见，案卷材料基本齐全，案情争议初步明朗。这时，为了提高审判效率，二审普通程序审理时间对一审普通程序审理时间，可以相对缩短一些，但是，也不能缩的太短。因为当事人在二审诉讼程序中有权利申请法院依职权调查取证，申请重新鉴定，收集并提交新证据，提出新的辩论意见等。其次，二审法院判决是终审生效判决，法官在这个时候更加应该慎重、审慎的审理案件，同样需要与一审法院基本相同的充足的审理时间。所以，二审诉讼中适用普通程序审理案件的，应在立案后 150 个工作日（7.5 个月）内结案。确实需要延长的，可以延长 50 个工作日（2.5 个月），即通常应在 150 个工作日内结案，延长后应在 200 个工作日内结案。如果出现特殊或复杂

案情需要第二次延长的，可以适用第二次延长的规定。

二审民事、行政和刑事诉讼中适用简易程序审理案件的，应在100个工作日（5个月）内结案，且没有延长规定。概括的讲，一审、二审诉讼中适用简易程序审理案件的，一审100个工作日内结案，二审也是100个工作日内结案，而且，一审、二审简易程序中都没有延长规定。

（六）当事人提出上诉的新时间

民事案件、行政案件、刑事案件，当事人上诉时间均为50个工作日（2.5个月）。上诉，要给当事人留出充分的思考时间和准备时间，留出当事人寻找律师、选择律师的时间，留出律师阅卷、会见和研究案情的时间，留出律师和当事人收集新证据、申请重新鉴定、申请法院依职权调查的时间，留出律师写出一份有见解有意义的上诉状的时间，还要留出律师和当事人正常工作、生活和休息的时间。总之，三大诉讼法只有给当事人和律师留出充分的上诉时间，才能收到一份有意义有质量的上诉状，才能根据这份上诉状，并根据案情整体事实而展开审判工作，以作出正确的二审终审判决，最终达到使当事人心悦诚服、服判息讼的目的，也使法院通过生效判决而实现社会文明进步的目的。

八、新诉讼时间制度建立

（七）死刑案件、复核案件，新设最长、最短审理时间

死刑案件，根据刑事诉讼法第三编第四章规定，中级法院作一审，高级法院作二审，最高法院作复核审。参照三大诉讼法中一审适用普通程序审理案件的规定，中级法院一审时应适用普通程序在200个工作日（10个月）内结案。高级法院二审时可以适用普通程序在200个工作日内结案。最高法院在复核审时也可以适用普通程序在200个工作日内结案。三级法院确实需要延长审理时间的，均可以各公告延长100个工作日（5个月）。换言之，三级法院审理、复核死刑案件时共有600个工作日（30个月）。如果三级法院都出现公告延长情形后，则审理时间共有900个工作日（45个月）。

为吸取历史教训，保障无辜的人不被法院判处死刑，在刑事诉讼法中应该首次建立审理死刑案件不得少于最短审理时间的制度。具体在审理死刑案件过程中，上述三级法院审理死刑案件，均不得少于法定审理时间，即中级法院审理死刑案件时不得少于100个工作日（5个月），高级法院审理死刑案件时不得少于100个工作日，最高法院复核死刑案件时不得少于100个工作日。换个角度讲，上述三级法院在审理、复核死刑案件时，其审

理时间应该限定在100个工作日以上才能结案。少于100个工作日结案的,一律以违反法定程序为理由,给予撤销,并重新审理。

(八) 审判监督程序的新时间

审判监督程序,是对已经生效的终审判决重新审理、重新判决,这种诉讼制度、审判做法,可能只有我国才有。如果在诉讼法中确实需要增设诉讼程序的,不如建立一案三审制,且第三审时只对法律适用进行审理。同时,在我国三大诉讼法中全部取消审判监督程序。

审判监督程序,我国三大诉讼法都有明确规定,可是,民事诉讼法、行政诉讼法,对于审判监督程序中审理案件时间均未作出规定。同时,刑事诉讼法第258条规定"三个月以内审结;需要延长期限的,不得超过六个月"。实施新的诉讼时间后,立法应该对于适用审判监督程序中案件审理时间作出明确的、具体的规定。同时,刑事诉讼法第258条规定的审理时间太短,也应予以变更。

审判监督程序,在我国是对已经终审生效的判决而重新审理、重新审判。这类案件都具有时过境迁、案情错综复杂,当事人长期缠讼等特点,所以,对这类案件法院都应持慎重、负责任

八、新诉讼时间制度建立

的态度。首先,当事人申请以审判监督程序重新审理的,立法要给当事人充分的研究判决书是否公正的思考时间,因为不少当事人是不懂诉讼、不懂法律的,所以在当事人收到终审判决书时,到申请以审判监督程序重新审理案件的,最短不少于法官每年实际工作的240个工作日(12个月)。其次,司法实践中有不少再审案件是年代久远、且时势变迁的,例如民事案件通常是三五年之前的诉讼,刑事案件通常是五六年前甚至十多年前的诉讼,因此,要给法官留出一个充足的审理时间,这个审理时间应该比一审、二审适用普通程序审理时间更长一些。所以,将审理时间确定在360个工作日(18个月)会更好一些。综上,当事人申请以审判监督程序重新审理案件的,其申请时间为240个工作日。法院以审判监督程序审理案件的,审理时间为360个工作日。审理中确实需要延长审理时间的,可以公告延长120个工作日(6个月)。这样,当事人申请以审判监督程序立案的,其申请时间为240个工作日;法院以审判监督程序进行审理的,其审理时间如经公告延长后最长为480个工作日(24个月)。

(九)对程序问题裁定,单列审理、上诉时间

现行三大诉讼法,当事人对裁定有权利提出上诉的,主要有民事诉讼法中"不予受理的案件,对管辖权有异议的案件,驳

回起诉的案件"。同时，行政诉讼法、刑事诉讼法也有与这三类相同的案件。对于这三种上诉情形，诉讼法可以单列出来以规范诉讼程序与诉讼时间。例如一审适用裁定程序审理案件的，应在100个工作日（5个月）内结案。二审适用裁定程序审理上诉案件的，也是100个工作日内结案。同时，一审、二审适用裁定程序审理案件的，均无延长规定。其次，对于上述这三类案件，当事人不服裁定提出上诉的，上诉时间均为30个工作日（1.5个月）。

（十）报送上诉卷宗至二审法院立案，应作出时间规定

现实中，一审法院向二审法院报送上诉卷宗，到二审法院给予立案，有时会经历三五个月的时间，这也会引起上诉人的焦虑与猜测。同时，现行三大诉讼法也没有对下级法院报送上诉卷宗的期限、到上级法院正式立案的期限作出立法规定，有时在上下级法院之间也会产生拖拉报送、迟延立案的情况。为此，三大诉讼法应该对一审法院向二审法院报送上诉卷宗，至二审法院立案受理的这个时间段作出明确的立法规定。换个角度讲，一审法院自收到当事人提交的上诉状后，到送达对方当事人上诉状并签收答辩状，又把收到的答辩状送达上诉人等，以至装订好卷宗并向

八、新诉讼时间制度建立

二审法院邮寄或者报送上诉卷宗,再到二审法院签收上诉卷宗后给予立案受理,两者时间之和不得超出 50 个工作日(2.5 个月)。这样一来,当事人上诉时间,上下级法院报送上诉卷宗以及立案受理时间,均为 50 个工作日,体现了当事人与法院诉讼地位平等的思想。

(十一)当事人提交证据、诉讼材料的新时间

新的诉讼时间里,为了体现法院与当事人诉讼地位平等、诉讼时间平等的思想,在总的诉讼时间里,法院审理案件时间可占 2/3,当事人准备诉讼、参与诉讼时间可占 1/3。例如一审诉讼中适用普通程序审理案件的,法院审理时间是 200 个工作日,那么,给予当事人及律师收集证据、书写诉讼材料、准备开庭等时间,不得少于法官审理案件时间的 1/3,即不得少于 70 个工作日(3.5 个月)。换言之,在法官 200 个工作日里,是要专门拿出 70 个工作日给当事人进行诉讼使用的。当然,法官在立案时就可以提前接触卷宗材料,即与当事人提交证据、材料等诉讼时间,是可以同步进行的。同样道理,如果法院在一审普通程序中公告延长 100 个工作日,那么也要给当事人再留出不少于 1/3 时间,即不少于 30 个工作日(1.5 个月)的因公告延长后的继续诉讼时间。二审普通、简易程序中,法官与当事人的诉讼时间

比例也是这样。总之，现实诉讼过程中遇有其他相同或者类似问题的，法院与当事人的诉讼时间比例，均以此类推。

九、对三大诉讼法新时间的简要总结

九、对三大诉讼法新时间的简要总结

综上所述,民事诉讼法、行政诉讼法、刑事诉讼法中的诉讼时间,首次提出应该以工作日计算,并以工作日取代现行自然日的计算方法。其次,一审普通程序、简易程序,二审普通程序、简易程序,死刑复核程序,审判监督程序的法院审理时间,均比过去审理时间相对延长,以适应现在繁重的审判工作。再次,新设公告延长规则及新闻发布会规则,取代过去由本院院长批准或者上级法院批准的行政审批制度。而且,一般情况下,公告延长只限一次;特殊情况下,法官可以第二次,也就是最后一次公告延长,且延长时间由法官自己决定,以取代过去可以多次申请延长,且有的延长时间不确定的问题。又次,在二审程序中均增设简易程序,使得一审简易程序对应二审简易程序,以真正做到审理案件繁简分流。还有,将民事诉讼法中特殊程序,刑事诉讼法中自诉程序,全部纳入简易程序中审理,并且取消刑事诉讼法中刑事速裁程序。再有,对于死刑案件新设最长、最短审理时间,以保障无罪的人不被法院判处刑罚。又有,对三级法院审理、复

诉讼时间

核死刑案件，均新设审理时间的明确规定。另有，在审判监督程序中均增设审理时间规定，且审理时间相对一审、二审普通诉讼程序都会相对延长。另外，对当事人上诉时间均根据实际情况新设较长规定，以充分保障当事人的上诉权利。另加，三大诉讼法中应该单列对裁定案件的审理和上诉时间规则。以外，尝试建立我国三大诉讼法诉讼时间相同制度，以方便当事人理解记忆，也方便法官操作实践。最后，对于当事人收集、提交证据，书写诉讼材料和准备开庭时间，新规则是不少于法官审理案件总时间的1/3时间。总之，建立新的诉讼时间法律制度，将会更加符合我国审判实践，并会推进我国法治的进步与文明。

十、英美、法德日、港澳台诉讼时间简介

（一）英美法系、大陆法系及港澳台诉讼时间概要

英美法系中英国、美国，大陆法系中法国、德国和日本，以及我国香港特别行政区、澳门特别行政区和台湾地区的诉讼法律制度，都没有对法官审理案件的时间或者期限作出立法要求或者立法规定，法官作出判决的成熟条件是"应当在一个合理的期限内审结案件"，或者"是否已经达到可以作出裁判的程度"。这就是说，法官完全可以根据案情思考、决定何时作出判决，立法上并没有关于审理时间、审理期限的硬性要求或者硬性规定。与此同时，上述国家诉讼法律对法院立案后至法官开始审理案件，以及最后一次法庭辩论终结至法官作出判决，却作出了时间、期限的要求与规定。换个角度讲，中间审理时间是由法官根据案情而自由选择、自由决定的，立法对此时间阶段是没有要求或者规定的。

诉讼时间 新论

关于上诉，通常分为两个步骤，一是当事人签收判决书后在较短时间内要明确表示是否上诉，二是当事人表示上诉后，在随后较长时间内要提交书面上诉理由，两者时间之和一般在一个月之后。其次，上诉必须提交、阐述上诉理由；不提交、不阐述上诉理由的，法院直接予以驳回。

（二）英国诉讼时间简介

英国诉讼法律，没有对法官审理案件期限作出立法要求与规定，可是，对法院立案后至法官开庭审理的期间有规定，例如"从立案之日起至法官第一次开庭，两者期间不得超过30周"。

英国民事诉讼，对诉讼中各个环节作出了时间规定。《民事诉讼规则》（1999年4月实施）第28.2条："从案件分配通知作出之日起计算，证据开示4周，交换证人证言10周，交换专家证言14周，法院日程调查表20周，开庭审理30周"。该条款充分保障了当事人的诉讼时间和诉讼权利，也保障了法官有充足的审理案件时间。一般情况下，高等法院审理一个普通民事案件，从签发诉讼书之日起到完成审判工作之日止，需要12个月至18个月时间。其次，《民事诉讼规则》第47.25条规定，上诉期限应于收到判决书后14天内提交上诉申请。

英国行政诉讼，在没有法律特别规定的情况下，其行政诉讼

十、英美、法德日、港澳台诉讼时间简介

通常适用一般的民事诉讼程序。

英国刑事诉讼,适用简易程序审理刑事案件时,对起诉书提交时效有着规定:"如果要通过治安法院的简易审判程序指控犯罪,则起诉书必须在犯罪发生后6个月内提交,否则法院无权审理其指控的简易罪行"。另外,对于刑事上诉期限有两种规定,根据《1980治安法院法》第111条,对于治安法院判决后向最高法院提出上诉的上诉期是21天;根据《2005刑事诉讼规则》第68.4条,对于刑事法院判决后的上诉期是28天。还有,特别情形的上诉期是56天。《2005刑事诉讼规则》第68.4条第3款(b):"该通知发出之日起56天内,就不服定罪,以精神错乱为由作出无罪判决,裁定上诉人有残疾或裁定上诉人有该行为或者作出该不作为的控罪而提出上诉"。

(三)美国诉讼时间简介

美国,联邦制国家。联邦法院与各个州法院立法不同,诉讼程序也不尽相同。《联邦民事诉讼规则》《联邦上诉程序规则》,是其两部主要的诉讼法律。在这两部诉讼法中,都没有对法官审理案件时间或者期限作出立法要求与立法规定,这点与英国诉讼法是相同的。

美国民事诉讼,对庭审日程安排、上诉期限作出了时间规

诉讼时间

定。《联邦民事诉讼规则》第16条2款:"法官应在被告应诉后的90日或起诉状送达被告后的120日内作出庭审日程安排命令"。关于上诉期限,《联邦上诉程序规则》第4条:"有权提起上诉的当事人,应从法院书记官登记判决之日起30日内,向联邦地区法院书记官提出上诉通知;以美国及其公务员为当事人的案件,应在登记判决后60日之内提出上诉通知书"。第31条:"上诉人从提出上诉记录之日起40日内,向上诉审法院提出上诉理由书,并向对方当事人进行送达"。这就是说,当事人提出上诉通知时间是30日内;当事人是国家及其公务员的,提出上诉通知时间是60日内。之后,在提出上诉通知记录之日起40日内再向上诉法院提交上诉理由书。总得讲,当事人上诉时间分别是70日、100日。

美国行政诉讼,在没有法律特别规定的情况下,通常适用一般的民事诉讼程序。其中,对法官审理行政案件的时间或者期限没有立法要求与规定。

美国刑事诉讼,《美国刑事法典》第3161条(b)款对指控时效作出规定:"任何指控个人犯有罪行的资料或起诉书,应自该个人被逮捕或随附与该等指控有关的传票之日起30天内提出。在没有大陪审团开庭的地区,如果有人被控在这30天内犯有重罪,则提交起诉书的时间应再延长30天"。第3161条(c)

十、英美、法德日、港澳台诉讼时间简介

款（1）项对法官开始审理时间作出规定："如果被告提出无罪抗辩，则在资料或起诉书中被控犯有罪行的被告的审判，应自资料或起诉书提交之日（并将其公开）起 70 天内开始，或自被告出现在待审法院的司法官员面前之日起 70 天内开始，以最后发生的日期为准"。

美国也有"迅速审判"的概念以及审判开始时间的立法。美国宪法修正案第六条规定，任何被告人都享有接受迅速审判的权利。虽然宪法修正案没有具体规定审理开始时间，都是由各州自行规定的，但是《联邦快速审理法》，对联邦法院审理案件时间作出了规定：（A）任何指控个人犯有罪行的资料或起诉书，应自该个人被逮捕之日起 30 天内提出；（B）如果被告提出无罪抗辩，则审判应自资料或起诉书提交之日（并将其公开）起 70 天内开始。其次，法官对"迅速审判"作出解释：（A）需要从被告人是否要求尽快举行审判，审判被拖延的时间长短，拖延的原因以及因拖延而对被告人造成的不公等方面考虑审判是否"迅速"。（B）1 年的延迟时间可被推定为不公正，但是，有些拖延可以被认定是合理拖延。例如控方对法官裁定提出上诉，是证明延期审判合理的正当理由。

关于上诉期限，《联邦上诉程序规则》第 4 条（b）款规定："上诉的判决或命令生效后 14 天内（被告）/30 天内（政府）"。

接着规定:"A)在刑事案件中,被告的上诉通知书必须于下列日期后14天内送交区域法院:i)上诉的判决或命令生效;ii)提交政府的上诉通知书。B)当政府有权上诉时,其上诉通知必须在以下日期后30天内提交区域法院:i)被上诉的判决或命令生效;ii)任何被告提交上诉通知书。"

(四)法国诉讼时间简介

法国诉讼法律,对法官审理案件没有审理期限的立法要求与规定。民事诉讼法和刑事诉讼法只是提出法官"应当在一个合理的期限内审结案件"。同时,法国在缩短案件审理期限,提高审判效率上尝试改革,例如成立速裁法庭审理民事和刑事案件,专设行政法院审理行政案件,设立独任法官,扩大行政法官的权力,设置紧急审理程序等。

法国民事诉讼,一个民事案件将一审诉讼程序全部履行完毕,大约需要一年时间。关于开庭前准备的时限,法国《民事诉讼法典》规定,根据案件的性质、紧急程度与复杂性,随时确定案件审前准备所必要的时间。其次,为了避免滥诉、拖延诉讼等情况,法国《民事诉讼法典》第32条-1款规定了相应的惩罚措施:"以拖延诉讼方式,或者滥用诉讼方式进行诉讼者,得科处3000欧元的民事罚款"。

十、英美、法德日、港澳台诉讼时间简介

为了审理案件做到"繁简分流",以提高审判效率,法国于2003年设立速裁法庭。速裁法庭可以同时受理民事案件、刑事案件。民事案件只限于自然人之间且争议标的额不超过1500欧元的民事纠纷,刑事案件仅限于轻微的违章违警案件。案件审理采取独任制和一审终审制。

法国《民事诉讼法典》第538条,以普通方式提请上诉期限为一个月。出庭、异议、审查上诉等时限,会因为申请人居住地和递交法院不同而延长。如果上诉申请提交给本国境内的法院时,居住在海外部门或海外领土的人可以增加一个月,居住在国外的人可以增加两个月。另外,关于选举案件的上诉期,只能在法律规定的情况下延长。

法国行政诉讼,其时效必须在一定期限内向行政法院提起。通常提起行政诉讼的期限,为被诉行政决定公示或者通告之日起两个月之内。遇有特殊情况时,起诉期限可以延长或者缩短。其次,预先审理是法国行政诉讼的必经程序。具体指法院在开庭前为了查明案件事实和法律问题,预审法官研读诉讼材料,并采取程序性的预审措施,使案件进入判决状态前的诉讼程序。再次,对于行政诉讼,法国《行政诉讼法典》没有关于法官审理案件期限、时间的立法规定与要求。关于上诉期限,一方当事人提起上诉后,另方当事人可以就第一审判决提起附带上诉。

诉讼时间

　　法国刑事诉讼，案件进入审判程序后，法官应该在多长时间内作出裁判没有立法要求与规定，其主要通过轻罪快审机制以提高审判效率。

　　法国将刑事犯罪分为三类，违警罪、轻罪、重罪。违警罪由违警法院审理，管辖法定刑两个月以下或者罚金 3500 欧元以下以及未成年人犯罪案件，实行法官独任制。轻罪由轻罪法院审理，管辖法定刑十年以下或者罚金 3500 欧元以上的犯罪案件。重罪由重罪法院审理，管辖法定刑 10 年以上、终身监禁、死刑案件。

　　违警罪法院和轻罪法院的审判程序——轻罪快审。违警罪，法院适用简易程序审理。轻罪，法国《刑事诉讼法典》第 461 条规定："审理如果不能在审判期日结束时，法庭应当作出裁决，裁定继续进行审理的日期"。"延期命令应在被告人出庭下予以宣布"。"刑罚的判决至迟应在首次延期裁定后一年内作出"。

　　重罪法院的审判程序——不间断审理。法国重罪审判程序中，实行审理不间断原则。重罪法院开始审理刑事案件时，审理活动不得中断，应当连续不停地进行，直至作出判决，并宣布审判结束。这一庭审原则可以使法官和陪审员通过持续的法庭审理，形成对案件事实直观的、完整的、鲜明的印象，对指控行为

十、英美、法德日、港澳台诉讼时间简介

的性质等问题作出准确的判断。

关于上诉期限,《刑事诉讼法典》第380－9条、380－10条分别规定,上诉期限为判决交付后十天内提出。如果一方提出上诉,在上诉时间内,其他各方还有五天的上诉时间。

(五) 德国诉讼时间简介

德国诉讼法律,在立法上没有设立法官审理案件的期限、时间制度,但是,对于法官开庭后作出判决期限,当事人上诉期限作出立法规定。

德国民事诉讼,其《民事诉讼法》第310条1款:"除非出现重大疑难情况,判决不能迟于最后一次庭审结束后的三周内作出"。

上诉种类分为抗诉、上告、控告三种。德国《民事诉讼法》第517条、544条、548条,分别规定了抗诉、上告和控告的期限都是一个月。《民事诉讼法》第517条"从有效送达完整撰写的判决书时起算,法定上诉期间一个月;最迟从宣告后届满五个月起算"。对于控告,第544条规定:"控告须在有关法律问题的上诉法院聆讯期间内,即在判决书送达后一个月内提出,最迟须在判决宣告后六个月届满前提出。控告理由应在判决送达后两个月内提出,最迟应在判决宣告后七个月届满前提出"。第548

诉讼时间

条:"就法律问题而提出控告的期间是一个月,从有效送达完整撰写的判决书时起算;最迟从宣告后届满五个月起算"。

德国行政诉讼,没有对法官审理案件的期限、时间作出立法要求,但是,对法官判决期限,当事人上诉期限分别作出了规定。德国《行政法院法》第116条1款:"已经开庭的,应当在开庭时宣告判决;在特殊情况下,庭审应立即安排,不应迟于最后一次开庭后的两周"。第124条a:"对事实和法律问题的上诉,经行政法院受理的,应当自判决终结之日起一个月内向行政法院提出"。

德国刑事诉讼,《刑事诉讼法》第268条3款:"判决应当在庭审结束时宣告,至迟必须在其后第11日宣告判决。否则,应重新开始审理"。

集中审理原则。为了提高审判效率,德国《刑事诉讼法》第229条,设立了集中审理原则。意在使法庭对案情事实形成鲜活、生动的印象,使法官基于内心合理确信而作出最终判决,所以,要求开庭审理不能被不必要的间断,从而使法官对法庭审判活动一直保持直觉和感知。集中审理原则,是德国刑事审判活动中必须依循的重要原则。第229条4款,只有当庭审活动已经进行到至少10日的时候,才允许一次中断30日。如果法庭没有遵守这一规则,审判必须重新开始。之后,当庭审又连续进

十、英美、法德日、港澳台诉讼时间简介

行了至少 10 日的时候，允许法庭第二次中断 30 日。以此类推，直至届满 12 个月。

刑事上诉，分为抗诉、上告、控告三种。德国《刑事诉讼法》第 341 条 1 款、345 条 1 款、314 条 1 款、311 条，分别规定应在一周内提出上诉表达，并在随后一个月内提交上诉理由。

抗诉：《刑事诉讼法》第 341 条 1 款："提出抗诉时，必须是在宣告判决后的一周之内，用口头由书记处作笔录或者用书状向作出原判决的法院提起"。第 345 条 1 款："对抗诉申请及其理由，至迟必须是在提起抗诉期限届满后的一个月内，向作出原判决的法院提出"。上告：第 314 条 1 款："上告时，必须在宣告判决后一周之内用口头由书记处做成笔录或者用书状向第一审法院提出"。控告：第 311 条"控告应在一周内提出。"

（六）日本诉讼时间简介

日本诉讼法与德国诉讼法一样，没有对法官审理案件的期限、时间作出立法要求与立法规定，只是对判决期限、口头辩论日期和上诉期限作出了立法规定。

日本民事诉讼，《民事诉讼法》第 60 条："如果提起诉讼，审判长必须尽快指定口头辩论日期，但是，对案件进行辩论准备程序或者进行书面准备程序的不在此限。除有特殊情况外，其口

头辩论日期必须指定为提起诉讼之日起 30 日以内"。第 251 条"判决应当在口头辩论终结后两个月内作出,但是,案件复杂的或有其他特殊情况的,不在此限"。

民事上诉,分为抗诉、上告、控告三种。首先,日本诉讼体制实行三审终审制。其次,抗诉,相当于我国的上诉,是以第一审判决为对象,向高等法院提起的抗诉。上告,是以高等法院作出的二审判决为对象,向终审法院提出的上告。控告,是一种特殊的裁判救济制度。日本《民事诉讼法》第 328 条,控告的对象一是不进行口头辩论就驳回有关诉讼请求的决定或命令,二是对不能以裁定或命令作出的决定事项,却作出了裁定或命令。第 336 条,特殊控告的对象:反映了宪法解释的错误,其他方面违反宪法的裁决或者命令。

日本《民事诉讼法》第 282 条,抗诉期限是两周;第 313 条,上告期限是两周,均为接到判决书之日起计算。第 332 条,控告期限是一周;第 336 条,特殊控告期限为五日,均为收到裁判通知之日起计算。

日本行政诉讼,《行政诉讼法》没有法官审理案件时间、期限的立法要求与规定,也没有关于判决期限、上诉期限的规定。如果诉讼程序中无规定的,可以适用《民事诉讼法》相应规定。同时,《行政诉讼法》对诉讼时效作出规定:"自被撤销人知道

十、英美、法德日、港澳台诉讼时间简介

原行政处分或者上诉行政处分之日起满六个月的，不得提起撤销行政处分的诉讼，但有正当理由逾期不履行的，不在此限"。"自原行政处分或者上诉行政处分之日起满一年的，不得提起撤销行政处分的诉讼"。

日本刑事诉讼，《刑事诉讼法》第 1 条"应正当、公正和迅速的适用刑法"。同时，日本《刑事诉讼规则》第 179 条"法院对于需要审理 2 日以上的案件，应当尽可能连日开庭、连续审理"。由此看出，日本刑事诉讼法、刑事诉讼规则对于法官审理案件时间，只是作出原则性立法要求，并没有设定法官审理案件的具体时间、期限等，也没有设立法官在最后一次开庭后，必须在多长时间内作出刑事判决的期限要求。

刑事上诉，《刑事诉讼法》第 373 条、414 条、422 条，将上诉分为控诉、上告、即时上告三种。前两者提出的期限均为 14 日，后者提出的期限为 3 日，时间从裁判被告知之日起计算。

（七）香港诉讼时间简介

香港法律体系属于英美法系。在香港诉讼法中，没有法官审理案件时间、期限的立法要求或者法律制度。法官审理一个普通案件通常会在 8 个月至 12 个月之间结案。香港实行当事人主义，即当事人在诉讼中拥有主导权，诉辩双方能够充分表达自己的观

诉讼时间

点和理由,有效的体现了当事人的自由意志。整个诉讼过程中,法官只是处于并保持中立地位。

香港诉讼法注重程序公正,并制定了完善的审前程序。具体有状书送达程序、发现证据程序、自愿和解程序和非正式法律程序。其中,非正式法律程序指制定案件进度时间表、申请时间宽限、申请披露文件等,使得不少案件在法官正式审理之前就得到了和解、调解等方式的妥善解决。其次,香港诉讼在法院立案后120日内必须进行聆讯。对于流动审讯案件,由预告审讯可予进行之日起计30日内进行聆讯。

香港民事诉讼,其上诉时间为28日;非正式判决或命令,上诉时间为14日。如果法官拒绝给予上诉许可,申请人可以在被拒绝当日起计14日内,向上诉法庭申请上诉许可。其次,任何一方不服上诉法庭裁决的,还可以向终审法院申请上诉许可。

香港行政诉讼,行政诉讼在香港被理解为司法审查。具体指法院通过司法审查权,对行政机关的行政行为是否合法进行司法审查。在实体上表现为公民受到行政机关的行政行为侵害后而寻求司法救济,在程序上表现为法院对于行政机关行政行为的合法性进行监督和引导。在香港,公民可以通过律政司、行政裁判所、法院三种途经寻求法律救济。在向律政司、行政裁判所、法院提起行政申诉、起诉时,香港行政法规中,没有法官审理案件

十、英美、法德日、港澳台诉讼时间简介

时间、审理案件期限的立法要求或者规定。

香港刑事诉讼，对于违法或者犯罪行为，分为三种诉讼类型或者诉讼程序：简易程序罪行、可公诉罪行、皆可审讯罪行。对于这三种罪行可以在裁判法院、区域法院、高等法院之一中进行。其中，裁判法院是香港初级刑事法院，律政司是刑事检控的发起人，并享有选择审讯法院和诉讼程序的权利。

香港《刑事诉讼程序条例》规定，区域法院必须在被告人被首次提讯后100天内进行审讯。其次，律政司递交"检控通知书"给裁判法院后的14日内，律政司必须将检控通知书、认罪书、审讯申请指示书，以邮寄方式交予被告人手中。被告人向法院申请开展审讯限期，不能少于35日，由检控通知书提交至法院日开始计算。

刑事上诉，被告人不服区域法院判决时，可在判决或命令作出当日起28日内向高等法院上诉法庭申请上诉许可。被告人如果未能在限期内提出上诉，可向上诉法庭申请逾期上诉许可。如果是针对区域法院的非正式判决或命令提出上诉，自作出之日起计14日内提出。如果法官拒绝给予许可，可在拒绝之日起14日内向上诉法庭提出上诉许可申请，上诉法庭认为已符合相关条款的情况下，例如交纳诉讼费、保证金等，给予上诉许可。第83Q条2款："上诉通知或申请上诉许可的通知，须自上诉所针

诉讼时间

对的定罪、裁决或裁断之日起计28日内提出，或如属针对刑罚而提出的上诉，则自判处刑罚之日起计28日内提出，或如属定罪时作出或视为定罪时作出的命令，则自该命令作出之日起计28日内提出"。第3款："根据本条发出通知的期限，可在期限届满前或届满后由上诉法庭延展"。另外，《刑事诉讼程序条例》第81A条，被告人也可以选择在判决后7日之内向律政司司长提请复核，经上诉法庭许可，律政司应以刑罚非经法律认可、原则上错误、明显过重或者明显不足为理由，在判决后21日内或者上诉法庭所允许的更长时间内，向上诉法院申请复核该判决刑罚。

（八）澳门诉讼时间简介

澳门法律体系属于大陆法系。民事、行政、刑事诉讼，分别规定于《民事诉讼法典》《行政诉讼法典》和《刑事诉讼法典》之中。现行诉讼法典最早在葡萄牙颁布实施，后来引用、适用于澳门特别行政区。澳门诉讼法典，没有法官审理案件时间、期限的立法要求或立法规定，只是对法官在法庭辩论终结后多少天内应该作出判决制定了规则。

澳门民事诉讼，《民事诉讼法典》第561条，案件在法律方面之辩论终结后，须将卷宗送交法官，以便其在20日内作出

十、英美、法德日、港澳台诉讼时间简介

判决。

《民事诉讼法典》第400条,被告答辩期限为30日;在特殊情况下可延长30日。在被告作出答辩或者提起反诉后,原告有权进行反驳,原告反驳应于获知或者视获知被告答辩之后15日内作出。其中如果有反诉或者诉讼为确认之诉,则该期间为30日。原告作出反驳后,被告还可以再答辩,被告再答辩应在原告提出反驳之日起15日提出。第97条,法定诉讼期间在法律规定之情况下得予延长。经双方当事人协议,期间得以相同时间延长一次。

民事案件上诉期限为10日,自作出裁判之日起计算。上诉法院收到卷宗后送交两名助理法官审阅,每人审阅时间为15日;其后送交裁判书制作人检阅,时间30日,以便制作合议庭裁判书草案。对于案情复杂案件,裁判书制作人需在15日内制作备忘录,列明作出裁判之问题以及解决该等问题之建议,以及扼要指出有关依据,并把备忘录分发予参与上诉审判的其他法官。

澳门行政诉讼,没有审理时间、期限的具体立法和具体规定。

上诉期限,《行政法院诉讼程序法》第25条,(1)对无效或在法律上不存在之行为提起司法上诉之权利不会失效,得随时行使。(2)对可撤销之行为提起司法上诉之权利,在下列期间经过后

即告失效：a) 三十日，如司法上诉人于澳门居住；b) 六十日，如司法上诉人于澳门以外地方居住；c) 三百六十五日，如司法上诉人为检察院，又或属默示驳回之情况。

澳门刑事诉讼，一审完整的刑事诉讼程序，在澳门分为侦查、预审、审判和上诉四个阶段。《刑事诉讼法典》第288条，如有嫌犯被拘禁，法官最迟须在两个月内终结预审；如无嫌犯被拘禁，法官则在四个月内终结预审。其次，如预审之对象为暴力犯罪，且该犯罪最高刑罚可判处八年徒刑的情况，预审最长期限为三个月，从法官作出预审之批示时开始计算。之后，法官必须尽快安排预审辩论时间。

刑事上诉，《刑事诉讼法典》第401条，上诉期间为20日，自裁判之通知或判决书存放于办事处之日起计算；如属口头宣告裁判，且利害关系人在场或应视为在场的，自宣告该裁判书之日起计算。提起上诉应以书面方式提出，且必须阐明上诉理由。对听证中宣告的裁判，可以口头提出上诉。口头上诉的，应在笔录中记明，并在口头提起上诉之日起20日内提交书面上诉书，并阐明上诉理由。

（九）台湾地区诉讼时间简介

台湾地区法律体系属于大陆法系。台湾诉讼法律中没有法官

十、英美、法德日、港澳台诉讼时间简介

审理案件的时间、期限立法,法官的自由裁量权很大。对于一个案件是否可以作出判决或者裁定,唯一考虑因素"是否已经达到可以作出裁判的程度"。只要诉讼达到可以作出裁判的程度,法官应予作出终局判决。其次,台湾民事诉讼法和刑事诉讼法,均规定了法官宣判日期:采取独任审判的案件,应自辩论终结之日起两周内宣示判决;采取合议审判的案件,应在三周内宣示判决;但案情繁杂或有特殊情形的,不在此限。

台湾民事诉讼,没有法官审理案件时间、期限的立法要求。《民事诉讼法》第381条(终局判决):"诉讼达于可为裁判之程度者,法院应为终局判决"。第382条(一部终局判决):"诉讼目标之一部或以一诉主张之数项目标,其一达于可为裁判之程度者,法院得为一部之终局判决。本诉或反诉达于可为裁判之程度者亦同"。第223条(判决之公告及宣示;宣示之期日):"宣示判决,应于言词辩论终结之期日或辩论终结时指定之期日为之。前项指定之宣示期日,自辩论终结时起,独任审判者,不得逾二星期;合议审判者,不得逾三星期;但案情繁杂或有特殊情形者,不在此限"。

关于上诉期限,《民事诉讼法》第440条,上诉期间为二十日,抗告期间为十日。第487条,采用简易程序上诉或者抗告的,期间为十日。第436条,简易诉讼程序上诉以及抗告,应

同时表明上诉或者抗告理由;其于裁判宣示后送达前提起上诉或抗告者,应于裁判送达后十日内补具之。第471条,上诉状内未表明上诉理由者,上诉人应于提起上诉后二十日内,书面提出理由递交至原法院。未提出者,毋庸命其补正,由原法院以裁定驳回之。第500条,再审之诉,应于三十日之不变期间内提起。自知道或者应当知道之日起,最长不得超过五年。

为了避免上诉人故意拖延诉讼时间、浪费法院资源,特设定上诉无理由或延滞诉讼的处罚。《民事诉讼法》第449条:"第二审法院依前条第一项规定驳回上诉时,认定上诉人之上诉显无理由或仅系以延滞诉讼之终结为目的者,得处上诉人新台币六万元以下之罚款"。

台湾地区实行三审终审制。当事人对判决声明不服的,依上诉审程序进行;对裁定声明不服的,依抗告程序进行。

台湾行政诉讼,没有法官审理案件时间、期限的立法要求与规定。《行政诉讼法》第190条(终局判决):"行政诉讼达于可为裁判之程度者,行政法院应为终局判决"。第191条(一部之终局判决):"诉讼目标之一部、或以一诉主张之数项目标,其一达于可为裁判之程度者,行政法院得为一部之终局判决。前项规定,于命合并辩论之数宗诉讼,其一达于可为裁判之程度者,准用之"。第109条(言词辩论期日之指定):"审判长认已适

十、英美、法德日、港澳台诉讼时间简介

于为言词辩论时，应速定言词辩论期日。前项言词辩论期日，距诉状之送达，至少应有十日为就审期间，但有急迫情形者，不在此限"。

关于上诉期限，《行政诉讼法》第241条（上诉期间）："提起上诉，应于高等行政法院判决送达后二十日之不变期间内为之"。第268条（抗告期间）："提起抗告，应于裁定送达后十日之不变期间内为之"。第276条（再审之诉提起期间）："再审之诉应于三十日之不变期间内提起。再审之诉自判决确定时起，如已逾五年者，不得提起"。

关于重审，《行政诉讼法》第284条（重新审理之声请）："因撤销或变更原处分或决定之判决，而权利受损害之第三人，如非可归责于己之事由，未参加诉讼，致不能提出足以影响判决结果之攻击或防御方法者，得对于确定终局判决声请重新审理。前项声请，应于知悉确定判决之日起三十日之不变期间内为之。但自判决确定之日起已逾一年者，不得声请"。

台湾刑事诉讼，《刑事诉讼法》中没有法官审理时间、期限的立法制度，只是规定了法官宣判日期。《刑事诉讼法》（2018年6月修订）第311条（宣示判决之时期）："独任审判之案件宣示判决，应自辩论终结之日起二星期内为之；合议审判者，应于三星期内为之，但案情繁杂或有特殊情形者，不在此限"。

《刑事诉讼法》第349条（上诉期间）："上诉期间为十日，自送达判决后起算"。第406条（抗告期间）："抗告期间，除有特别规定外为五日，自送达裁定后起算"。同时，《刑事诉讼法》对于关押中的被告如何提起上诉问题也作出专门规定："在监狱或看守所之被告，于上诉期间内向监所长官提出上诉书状者，视为上诉期间内之上诉"。

十一、我国三大诉讼法新的时间条款

下述新的时间条款,供我国立法修正时参考。

民事诉讼法、行政诉讼法、刑事诉讼法,均适用下列条款:

1. 一审诉讼中适用普通程序审理案件的,立案后200个工作日内结案。

需要延长审理期限的,可以公告延长100个工作日。公告延长,由法官决定,且公告后即时生效。公告延长应当发布在法院网站,当地电视台、报刊等主要媒体上,以接受社会及新闻媒体的监督与质询。

延长,只限一次,但是,遇有特殊或复杂案情的,可以再延长最后一次。再次延长时间,由法官根据案情决定。再次延长时,法官必须即时召开新闻发布会,向社会阐述再次延长的根据和理由,并解答质询。

二审普通程序、死刑复核程序、审判监督程序,需要延长审理时间的,均适用本条公告延长、再次延长的规定。

2. 一审诉讼中适用简易程序审理案件的,立案后100个工作日内结案。

适用简易程序审理的，无延长规定。审理中发现应该转为普通程序审理的，可以转为普通程序审理，但是，两者审理时间之和不得超出 200 个工作日。之后，需要延长审理时间的，适用公告延长规定。

3. 民事、行政、刑事案件，一审、二审，均设立简易诉讼程序。

4. 民事特别程序案件，适用一审、二审民事简易程序审理。

5. 刑事自诉案件，适用一审、二审刑事简易程序审理。

6. 上诉，必须阐明上诉理由。

适用普通程序审理的，上诉时间为 50 个工作日；适用简易程序审理的，上诉时间为 30 个工作日，均自收到判决书次日起计算上诉期限。

7. 二审诉讼中适用普通程序审理案件的，立案后 150 个工作日内结案。需要延长审理期限的，可以公告延长 100 个工作日。

8. 二审诉讼中适用简易程序审理案件的，立案后 100 个工作日内结案。简易程序无延长规定。

9. 审理死刑案件，一律适用普通程序审理。一审、二审、复核审三程序审理时间各为 200 个工作日。三个程序中需要延

十一、我国三大诉讼法新的时间条款

长审理时间的,均可以公告延长 100 个工作日。

审理死刑案件,三个程序中审理时间都不得少于 100 个工作日。

10. 审判监督程序,当事人在收到生效判决书次日起 240 个工作日内提出申请。法院审理再审案件,立案后 360 个工作日内结案。需要延长审理期限的,可以公告延长 120 个工作日。

11. 适用裁定程序审理不予受理,对管辖权有异议,驳回起诉等案件的,一审、二审,均在 100 个工作日内结案。对裁定不服的,当事人自收到裁定书次日起 30 个工作日内提出上诉。

裁定程序,一审、二审均适用简易程序审理。

12. 民事、行政、刑事案件,普通程序中一审法院在收到上诉状次日起至二审法院立案受理,两者时间之和不得超出 50 个工作日。简易程序或者裁定程序中,不得超出 30 个工作日。

13. 民事、行政、刑事诉讼中,当事人收集证据、书写诉讼材料,准备开庭时间等,不得少于法官审理案件法定时间的 1/3 时间。

参考文献

一、英国

[1] 齐凯悦. 英国家事审判改革中的审限制度及对我国的启示 [J]. 载自江苏大学学报（社会科学版），2018.11.20 (6).

二、美国

[2] 张茂. 美国国际民事诉讼法 [M]. 北京：中国政法大学出版社，1999.

[3] 汤维建. 美国民事司法制度与民事诉讼程序 [M]. 北京：中国法制出版社，2001.

三、法国

[4] 陈琳. 法国刑事侦查权的司法监督及其制度思考 [Z]. 载自法国驻华使馆及总领事馆官方网站（法国在您身边），2016.6.2.

[5] 方蔼如，译. 法国刑事诉讼法典 [M]. 北京：法律出版社，1987.

[6] 洪浩，罗晖. 法国刑事预审制度的改革及其启示 [J]. 载自《法商研究》，2014（6）.

[7] 王敬波，译. 王秀丽，校. 法国行政诉讼法典（法律篇）[J]. 载自《行政法学研究》，2007（1）.

[8] 金邦贵，施鹏鹏. 法国行政诉讼纲要：历史、构造、特色及挑战 [J]. 载自《行政法学研究》，2008（3）.

[9] 王艳. 法国民事滥诉的规制 [J]. 载自《法律适用》，2014.

四、德国

[10] 谢怀栻，译. 德意志联邦共和国民事诉讼法 [M]. 北京：中国法制出版社，2001.

五、日本

[11] 白绿铉，译. 日本新民事诉讼法 [M]. 北京：中国法制出版社，2000.

六、中国香港

[12] 香港司法机构. 终审法院法庭服务指南 [D]. 载自：香港特别行政区政府新闻署，2017.

[13] 香港司法机构. 民事诉讼程序须知 [D]. 载自：香港特别行政区政府新闻署，2009.

[14] 香港司法机构. 高等法院法庭服务指南 [D]. 载自：

香港特别行政区政府新闻署,2018.

［15］香港司法机构. 区域法院法庭服务指南［D］. 载自：香港特别行政区政府新闻署,2018.

［16］何韦鲍律师行. 香港民事诉讼及仲裁指南［D］. 载自：香港特别行政区政府新闻署,2016.

七、中国澳门

［17］冯文莊. 澳门民事诉讼结构简介［J］. 载自澳门第一审法院,2017.

八、中国台湾地区

［18］齐树洁. 台湾地区民事诉讼制度改革述评［J］. 载自《台湾法治研究》,2011（6）.

［19］周湖勇. 台湾地区民事诉讼程序的最新发展——简评台湾地区民事诉讼法的最新修正. 张卫平,齐树洁主编. 司法改革论评（第11辑）［M］. 厦门：厦门大学出版社,2010.

［20］民事诉讼法修订资料汇编［M］. 中国台北：台湾五南图书出版公司,2003.

九、综合

［21］黎培镠,叶青. 中国与大陆法系国家刑事第一审程序［J］. 载自《行政》第五册,第17～18期.

［22］谭秋桂. 德、日、法、美四国民事诉讼送达制度的比

较分析［J］.载自《比较法研究》,2001（4）.

［23］姚剑.刑事诉讼办案期间的比较考察：以英国和法国为中心［J］.载自《昆明理工大学学报（社会科学版）》,2013,6,13（3）.

［24］黄彬福.我国民事诉讼的期间制度研究［M］.复旦大学硕士学位论文集,上海：复旦大学出版社,2012.

［25］沈昊志.我国民事诉讼的期间制度研究［M］.浙江大学硕士学位论文集,杭州：浙江大学出版社,2018.

后 记

本书系作者任法官、高级法官和专职律师期间，根据审判、代理和辩护实践而思考写作，错漏难免，敬请专家学者给予指正。在写作中参考了英美、法德日、港澳台诉讼程序和诉讼时间的文献，在此谨向各位著者表示深深的感谢。同时，也感谢助手杨炜怡实习律师，对查找介绍外国诉讼立法、文献的辛勤劳动。